Mon père m'a blessé…
Mon beau-père m'a tué…

Lydie Lefèvre

Mon père m'a blessé… Mon beau-père m'a tué…

Mon père m'a blessé… Mon beau-père m'a tué…

Copyright © 2018 Lydie Lefèvre
Tous droits réservés
ISBN-13: 978-2954583754

Mon père m'a blessé... Mon beau-père m'a tué...

« Les personnages et les situations de ce récit étant purement fictifs, toute ressemblance avec des personnes ou des situations existantes ou ayant existé ne saurait être que fortuite. »

Mon père m'a blessé... Mon beau-père m'a tué...

« *Des années, muré dans le silence, à le supporter.*
Le jour arriva où je pris la décision de tout bouleverser.
Pour que cela n'arrive pas aux autres, pour que cela ne se produise plus. »

Gabin.

Mon père m'a blessé... Mon beau-père m'a tué...

Trois heures et demie du matin. Line est plongée dans un profond sommeil. La semaine de travail à la boutique a été éprouvante, elle est épuisée. Soudain, le téléphone sonne. Difficilement, elle entrouvre les yeux, regarde l'heure sur son radio-réveil. Elle se retourne. Benoît ne montre aucun signe de réveil. À cet instant, elle rêve qu'il se lève, qu'il réponde au téléphone, et la laisse tranquillement bien au chaud sous le duvet. Elle se fait des illusions, il est si fatigué par ses recherches d'emploi au bar du quartier, que le week-end venu, il se remet de toute cette énergie dépensée !
Ne souhaitant pas chercher la petite bête en pleine nuit, elle descend au rez-de-chaussée décrocher le téléphone avant que cela ne réveille toute la famille.

— Allô ?
— Bonjour. Pourrais-je parler à madame Vallon, s'il vous plaît ?
— C'est moi-même. Que puis-je faire pour vous à cette heure-ci ? Et, qui êtes-vous ?
— Oui, désolé. Je me présente, commissaire Desjardins. Votre fils a eu un accident, aussi je vous demanderai de bien vouloir me rejoindre au commissariat.

Brusquement, Line se sent mal, titube et se laisse glisser le long du mur en lâchant le combiné. Elle manque de respiration, elle panique. Un cri strident explose dans la maison. Au bout du fil, le policier,

Mon père m'a blessé... Mon beau-père m'a tué...

inquiet, répète :

— Allô ? Allô ? Madame Vallon ?

Line l'entend et reprend le téléphone. Entre-temps, Benoît, son compagnon l'a rejointe, affolé par le hurlement de Line. Il la regarde, muet, les bras croisés, adossé à la rampe d'escalier.

— Que s'est-il passé ? Est-ce grave ? Où est-il ?
— Il est à l'hôpital dans le service de réanimation. Retrouvez-moi au commissariat, je vous expliquerai.
— Je veux voir Gabin avant ! Soit, vous m'en avez trop dit, soit pas assez commissaire, mais expliquez-moi bon sang ! M'appeler en pleine nuit pour m'annoncer un tel drame, et, ne rien dire après, je trouve cela de très mauvais goût.
— Navré madame, je fais mon travail. Mon devoir est de vous informer au plus vite, afin de m'entretenir de vive voix avec vous ensuite. Quant à rendre visite à votre fils, j'ai bien peur que cela ne soit possible. Il va falloir attendre qu'il sorte de l'unité de soins intensifs. Vous pourrez bien entendu le voir après. Je vous attends. À tout de suite madame.

Line reste sans voix et raccroche. Ses mains tremblent. Elle est pâle. Benoît, toujours aussi immobile, n'ayant rien compris à ce qui se passait, lui dit :

Mon père m'a blessé... Mon beau-père m'a tué...

— C'est quoi ce bordel ! Non mais, as-tu vu l'heure qu'il est ? Allez, viens te recoucher !

Muette, tel un robot, elle monte les marches une à une et s'enferme dans la salle de bain. Elle revêt ce qui lui tombe sous la main et redescend l'escalier. Elle cherche les clefs de la voiture au fond des poches de la veste de Benoît. Elles n'y sont pas. Où les a-t-il rangées ? Elle ouvre les tiroirs, les retourne sans se rendre compte du vacarme qu'elle fait.
Soudain, un autre boucan assourdissant la stoppe net. Benoît dévale les marches d'un pas si lourd qu'on dirait un géant dont le pas retentit à des kilomètres.

— Tu comptes nous emmerder encore longtemps ? Tu trafiques quoi là ? Tu n'es pas toute seule ici ! Camille et Tom dorment ! Je te conseille de ne pas les réveiller !

Balbutiant, elle lui répond.

— C'est Gabin. Il est à l'hôpital.
— Quoi ? Qu'est-ce qu'il a bien pu faire comme conneries encore celui-là ! Il commence sérieusement à me gonfler avec ses histoires !

Line aperçoit le trousseau de clefs sur la table de la cuisine. Elle ignore Benoît, les prend.

— Où comptes-tu aller ?

Mon père m'a blessé... Mon beau-père m'a tué...

— Moi ? Je vais au commissariat.

Il s'énerve et l'attrape fermement par le bras.

— Chez les flics, à cette heure ? Non mais, tu me prends pour un con ! Tu vas aller te recoucher et puis c'est tout ! Demain, tu iras là-bas si tu veux, mais là c'est bon, tu en as assez fait. Ma patience a des limites !

Il la traîne jusqu'en bas des marches.
Elle est si frêle, lui si imposant, qu'elle ne peut lutter contre cette force bestiale. Elle se plaint, le supplie.

— Arrête ! Tu me fais mal ! Arrête, s'il te plaît, arrête. Je veux voir mon fils. Laisse-moi tranquille !

D'un geste de dédain, il la lâche, la repousse. Son regard noir témoigne de la pulsion agressive qui le possède.

— Vas-y dégage avant que je m'énerve ! File !

Apeurée, les larmes ruisselant le long de son doux visage, elle court jusqu'à la porte d'entrée et s'échappe. Elle démarre. Au moment d'accélérer, elle cale, tant ses pieds tressautent sur la pédale d'embrayage.
Elle redémarre et quitte enfin la rue. Line jette un coup d'œil dans son rétroviseur jusqu'à ce qu'elle vire à droite, par crainte d'être suivie. Une

Mon père m'a blessé... Mon beau-père m'a tué...

vingtaine de minutes plus tard, elle parvient au commissariat de la place Jourdain. Pas une âme qui vive aux alentours, c'est désert. Elle pousse la lourde porte en fer. À l'accueil, un policier la reçoit.

— Bonsoir madame. Puis-je vous aider ?

Il la dévisage si fixement, qu'elle s'en trouve gênée et baisse la tête un court instant.
Elle lui répond, la voix saccadée par l'émotion.

— Je dois voir le commissaire Desjardins. C'est au sujet de mon fils, il a eu un accident.
— Bien. Votre nom s'il vous plaît ?
— Madame Vallon. Line Vallon.
— Je vais me renseigner. Je reviens tout de suite.

Line s'assoit sur un banc en bois, le long d'un mur vert olive. Son regard se porte sur une grande affiche, sur laquelle sont punaisées des centaines de photos de visages d'enfants.
Tout en haut, écrit en grand « Avis de recherche ».
Elle se dresse, s'approche et scrute chaque visage, espérant en reconnaître un. Elle n'a pas le temps de finir, qu'un homme d'une cinquantaine d'années l'interrompt.
Line lui serre la main et lui emboîte le pas. Tous les bureaux sont vides. Seul le bruit de ses talons entrechoquant le sol carrelé, résonne. Il se tourne vers elle, l'invite à rentrer.

— Bonsoir madame. Commissaire Desjardins.

Mon père m'a blessé… Mon beau-père m'a tué…

Suivez-moi, nous serons plus tranquilles, dans mon bureau.
— Je vous en prie, installez-vous.
— Merci.

Il retire sa veste grise, sort un paquet de cigarettes.

— Vous fumez ?
— Non, merci.
— Je peux ? Cela ne vous dérange pas ?
— Pas du tout. J'ai l'habitude à la maison.
— Bien. Je ne vais pas vous faire attendre plus longtemps, car je pense que vous êtes assez angoissée comme cela.

Line se mordille la lèvre inférieure de nervosité.
Elle est à bout.

— Votre fils, Gabin Vallon, a été retrouvé par le videur de la boîte de nuit « le Palace ». Il était allongé dans les toilettes des messieurs, dans un état très grave puisqu'il a tenté apparemment de se suicider. Je précise, apparemment, puisque seuls les différents éléments que vous me fournirez, feront de cette supposition, une certitude. D'où l'importance de votre présence.

Line écarquille les yeux, surprise, choquée.
D'accident, elle passe à un suicide.

— Non. Non, ce n'est pas possible commissaire. Pas Gabin ! Pourquoi aurait-il fait une chose

Mon père m'a blessé... Mon beau-père m'a tué... pareille ? Je ne comprends pas, ce n'est pas vrai. Cela ne lui ressemble pas.

— Je suis navré madame, malheureusement dans la majorité des cas de ce genre, les parents sont hélas comme vous, stupéfaits. Cela pour plusieurs raisons, c'est ce que nous allons devoir expliquer dans un second temps.
— Mais, mais, dans quel état est mon fils ? Va-t-il s'en sortir ?
— Rassurez-vous, il est entre de bonnes mains. Des analyses sont en cours pour déterminer quel type de drogue il a ingéré.
— De la drogue ? Non, vous vous trompez. Gabin ne fume pas, ne boit pas. C'est un ado sérieux. Je suis sa mère et je le connais mieux que n'importe qui. Croyez-moi monsieur, c'est une erreur.
— Moi aussi je préférerais m'être trompé, croyez-moi !

Le commissaire écrase minutieusement son mégot. Il se jette en arrière, passe ses bras derrière sa tête, comme pour s'étirer.

— Un café peut être ?
— Oui, merci.

Il s'absente. Line est perdue, les paroles de cet homme l'ont perturbée. Elle qui ne voit en son fils, qu'un jeune homme droit et gentil, elle refuse de croire que Gabin soit un drogué. Pour elle, c'est inconcevable !
Le commissaire réapparaît, deux gobelets en

Mon père m'a blessé... Mon beau-père m'a tué...

plastique dans les mains. Il lui sourit.

— Tenez, cela va vous faire du bien. Reprenons. D'après ce que vous me dites, cela ne colle pas. Si Gabin ne boit pas, ne se drogue pas, qu'est-ce qui lui est donc arrivé ? Ma question est là. Un enfant ne tente pas de mettre fin à ses jours comme ça, sans raison. Vous allez devoir m'éclairer sur plusieurs petites choses madame.
— Quand pourrais-je voir mon fils ? J'ai besoin de le voir commissaire.
— Cela sera possible quand il ira mieux. Pour le moment, pour être franc, il est entre la vie et la mort. Vous ne serez pas autorisée à lui rendre visite. Il va falloir être patiente madame. Si vous le permettez, j'aimerais poursuivre mon enquête. Comment se passe la scolarité de Gabin ? Existe-t-il des conflits avec certains camarades de classe ?
— Non. Pas du tout. Gabin est en première littéraire, il aimerait être professeur de français. Il est assidu, et ne manque jamais les cours. Quant à ses amis, il est comme tous les ados de son âge, il en fréquente quelques-uns, mais ne m'en parle pas plus que ça.
— Bien. Et chez vous, comment sont les relations avec son père ?
— Gabin avait sept ans lorsque son père nous a quittés.
— Je suis désolé.
— Non, non, il est toujours vivant. Je voulais dire que nous avons divorcé.
— Gabin a-t-il bien vécu cette séparation ?

Mon père m'a blessé... Mon beau-père m'a tué...

— Il était jeune et très proche de moi. Il n'a pas souffert de ce changement puisque son père le prenait en garde régulièrement. Vers neuf ans, il a changé, prétextant qu'il s'ennuyait chez son père, il a espacé de son plein gré les visites.
— Je vois. Un moyen de manifester sa rancune, sans doute.
— Peut-être. Ce qui est sûr, c'est que je n'avais pas l'intention à l'époque, ni à présent, de le forcer à voir son père s'il n'en avait pas envie.
— Votre ex-mari a-t-il refait sa vie ?
— Oui. Il s'est remarié, mais ils n'ont pas d'enfants.
— Et vous, vous vivez en couple ?
— J'ai mené ma barque comme on dit. J'ai connu un homme plus âgé que moi, cela a duré un an. En fait, il ne supportait pas la présence de Gabin, il me voulait pour lui tout seul. Mon fils étant mis à l'écart par cet homme, j'ai préféré rompre.
— Effectivement, drôle de situation. Pas facile pour un petit bonhomme si jeune de suivre sa mère et de se sentir rejeté par ce nouveau compagnon. Je suis conscient que c'est difficile pour vous de me confier votre passé, mais rassurez-vous, tout ce qui sera dit ici ne franchira pas cette porte.

Le téléphone portable de Line vibre.
Un message. « *Je t'aime maman* ». Elle fronce les sourcils, faisant défiler le sms jusqu'à voir la date et l'heure d'envoi.

— C'est Gabin. Je viens de recevoir un texto d'hier soir, à vingt-trois heures, me disant qu'il m'aime.

Mon père m'a blessé... Mon beau-père m'a tué...

— Il vous l'a envoyé avant de se rendre à la discothèque, je suppose.
— Sûrement.
— Ensuite, vous avez vécu avec votre fils, vous avez rencontré quelqu'un d'autre ?
— Je suis restée environ deux ans, seule avec lui, déçue par le comportement masculin. Gabin était épanoui, il jouait avec des enfants de son âge et sa scolarité se déroulait bien. Nous avions retrouvé l'équilibre mère-enfant que nous avions perdu à cause de cette aventure. Puis, j'ai croisé un homme sur le trajet de mon travail. Il était chaque jour, à la même heure, à l'arrêt de bus, me saluant d'un sourire séducteur, chaque fois que je passais devant lui. Un jour où je faisais mes courses au supermarché, il m'a accostée. Cela va vous paraître excessif, mais c'était comme dans un film. Il m'a rejointe à la caisse. Usant de son regard charmeur, il m'a dit : « On ne s'est pas déjà vu ? ». Séduite et amusée par la situation, j'ai entamé la conversation avec lui et de fil en aiguille, nous nous sommes mis ensemble, quelques semaines plus tard.
— Ensemble ? Vous voulez dire en vivant chacun chez soi ou en concubinage ?
— À dire vrai, cela a été très, très vite. Comme il venait chez moi assez souvent, il a fini par s'installer à la maison.
— Je ne suis pas là pour vous juger, n'ayez crainte. Et votre fils, comment a-t-il réagi ?
— Moyennement bien. Benoît, c'est son prénom, venait me voir quand Gabin était à l'école. Donc, il a été un peu réticent lorsque Benoît a débarqué du

Mon père m'a blessé... Mon beau-père m'a tué...

jour au lendemain dans sa vie.
— Votre ami, il travaille ? Il a des enfants ?
— Cela fait huit ans qu'il est sans emploi. Il était chauffeur-livreur auparavant. Il a perdu son poste, suite à un licenciement économique. Et oui, il a deux enfants. Camille qui a onze ans, et Tom, quatorze ans.
— Quelles sont les relations entre votre fils, Benoît, Camille et son frère ?
— C'est assez compliqué.
— Comment ça, compliqué ? Expliquez-moi. Mon rôle est de trouver la raison qui a poussé Gabin à commettre ce geste. Je vous écoute, allez-y, continuez.
— Camille et Tom sont à la maison un week-end sur deux, le reste du temps, ils vivent avec leur maman. Ce ne sont pas des enfants faciles, plutôt envahissants. Ne voyant pas beaucoup leur père, ils sont présents à 100%.
— C'est-à-dire ?
— Ils collent leur papa, et lui, cède à tous leurs caprices.
— Et Gabin, il communique avec eux ?
— Oui, un peu. Au moment des repas, autrement, il préfère s'isoler dans sa chambre car il les trouve trop bruyants.
— Votre ami, Benoît, comment se comporte-t-il vis-à-vis de Gabin ?
— Ça va. Ils ne se parlent pas beaucoup, mais l'adolescence est une période assez compliquée, c'est l'âge délicat. Les ados de nos jours ont tendance à se refermer sur eux-mêmes. Après je ne

Mon père m'a blessé... Mon beau-père m'a tué...

pense pas que mon fils soit malheureux. Il a tout ce qu'il faut.
— Donc, pour vous, tout va bien. Gabin est un ado, donc normal qu'il se mette à l'écart, donc c'est aussi normal qu'il n'ait pas plus d'affinités avec son beau-père et ses enfants. Si vous le dîtes. C'est vous la mère, après tout.
— Qu'est-ce qui vous chagrine commissaire ? Je vous trouve légèrement agacé par mes propos ?
— En effet. Agacé. C'est le mot !
— Et pour quelle raison ?
— Je crois, chère madame, que votre enfant souffre au sein de votre famille recomposée, et vous ne vous en êtes pas du tout rendue compte. Je ne vous jette pas la pierre, chère madame, loin de là. Seulement, ça ne tient pas debout, je n'y crois pas.
— Non, je vous assure que non. Gabin est heureux.
— Ce monsieur Benoît, a-t-il déjà porté la main sur Gabin ? Le harcèle-t-il psychologiquement ? Gabin est-il victime d'attouchements ?
— Non, pas que je sache. Arrêtez avec vos questions, cela dérape commissaire.
— Ont-ils eu des querelles verbales violentes ?
— Pas spécialement. Benoît lui fait parfois des réflexions, mais rien de bien méchant.
— Et Camille, est-elle gentille ? Est-ce qu'elle fait des choses pour embêter votre fils ?
— C'est une petite fille qui recherche l'affection et l'attention de son papa par tous les moyens possibles et inimaginables. Normal pour son âge, mais cela dérange parfois Gabin, car, elle est

Mon père m'a blessé... Mon beau-père m'a tué...

capable de faire des bêtises et mettre ça sur le dos de mon fils.
— Une petite trouble-fête en quelque sorte.
— Oui. Quant à Tom, il est plus proche de Gabin. Étant plus âgé, ils partagent certaines activités comme le vélo et la console de jeux vidéo.
— Je vois. Avez-vous autre chose à me dire, que vous auriez occulté ?

Line hésite. Cette audition est des plus sérieuses, des plus graves, et elle craque. Elle lui avoue que son compagnon a un certain défaut, qui détruit petit à petit leur couple.

— Benoît est dans une période délicate depuis son licenciement, il déprime.
— Oui, je comprends. Mais, depuis que vous vous connaissez, a-t-il retrouvé un boulot en intérim ou autre ?
— Rien. Il, comment dire ? Il passe son temps au bistrot, et il lui arrive de rentrer à la maison, un peu éméché. Pas tous les jours, mais je dirais trois, voire quatre fois par semaine.
— Ce penchant pour l'alcool, il l'avait déjà ou bien est-ce récent ?
— Eh bien, il l'a toujours eu, sauf que je ne m'en étais pas aperçue au début.
— Et quand il est ivre, est-il violent ?
— En général, il pousse la porte d'entrée, s'écroule sur le canapé devant la télévision, me réclame une bière, et ne bouge plus de la soirée.
— Sympathique comme scène. Vous êtes donc

Mon père m'a blessé... Mon beau-père m'a tué...

persuadée que rien ne s'est jamais passé entre Gabin et lui, si j'en crois vos dires ? Conclusion, si vous vivez dans un climat familial serein, je n'ai plus qu'à orienter mon enquête sur autre chose, mais quoi ? À l'école, tout va bien. Avec ses amis, tout va bien aussi. Alors, expliquez-moi, madame, pour quelles raisons Gabin a-t-il voulu mettre fin à ses jours ! Ce n'est pas un geste anodin tout de même ! C'est un appel au secours que votre fils a déclenché ! Il a tiré sur la sonnette d'alarme, vous comprenez ?

Le commissaire termine sa phrase en frappant violemment la table du poing. Déstabilisée par les mots employés de manière si poignante par le commissaire, Line se lâche et pleure. Sur un ton plus posé, le commissaire lui dit :

— Madame, je vais vous laisser tranquille. Vous êtes épuisée, et il serait préférable de reprendre cet entretien ultérieurement. Si vous pensez à quoi que ce soit qui puisse nous aider à comprendre le tragique accident de Gabin, vous n'hésitez pas. De jour, comme de nuit, vous pouvez me contacter. Voici ma carte.

Line regarde sa montre. Cinq heures. Elle se lève, prend la carte du commissaire, et lui serre la main.

— Je vous remercie commissaire pour votre travail. Je ne manquerai pas de vous informer si quelque chose me revient.

Mon père m'a blessé... Mon beau-père m'a tué...
— Au revoir madame Vallon. Bon courage.

Tout en arpentant le long couloir sombre du commissariat, elle compose le numéro de l'hôpital. Elle n'a qu'une idée en tête, voir son fils. Une femme décroche.

— Centre hospitalier, bonjour.
— Bonjour madame. Je me présente, madame Vallon. Mon fils, Gabin, est entré aux urgences il y a environ deux heures. Je souhaiterais avoir de ses nouvelles, et savoir s'il m'est possible de le voir.
— Vous patientez un instant, je me renseigne.

L'attente est interminable. Line est inquiète. Pourquoi est-ce si long ?

— Allô, madame Vallon.
— Oui, je suis là.
— Votre fils est toujours en soins intensifs. Il a perdu connaissance, suite à la dose excessive d'alcool et de drogue qu'il a avalée. Les médecins ont réussi à le réanimer quelques minutes, mais il est retombé dans le coma. Son état ne vous autorise pas à le voir, vous pouvez bien entendu venir pour faire le point avec le médecin.
— Je vous remercie. J'arrive.

Line démarre en trombe en direction de l'hôpital. Elle roule à vive allure. Elle est dans un état second, ne voit plus rien autour d'elle, n'entend plus rien. Elle se gare, descend précipitamment

Mon père m'a blessé... Mon beau-père m'a tué...

sans fermer sa voiture. Elle pénètre dans le hall en courant.
Une vieille dame marchant avec son déambulateur la regarde d'un air étonné. Line n'y prête pas attention, pas plus qu'aux autres malades qu'elle croise. La secrétaire à l'accueil lui jette le même regard que la vieille dame. Line s'approche du comptoir.

— Bonjour. J'ai appelé tout à l'heure, et l'on m'a dit que je pouvais rencontrer le médecin de mon fils.
— Bonjour, madame. Commençons par le début. Quel est votre nom ? Et qui est votre fils ?
— Désolée. Madame Vallon, Line Vallon. Et mon fils s'appelle Gabin.

La jeune femme regarde sur son ordinateur la liste des entrées.

— Il est au troisième étage, chambre 325.
— Je vous remercie.

Line se rend vers l'ascenseur et monte au troisième. Lorsque les portes s'ouvrent, elle se rue dans l'immense couloir à la recherche de son fils. Une infirmière l'interpelle.

— Madame ! Madame !

Line s'arrête, se tourne vers elle.

— Oui, c'est à vous que je m'adresse. Puis-je

Mon père m'a blessé... Mon beau-père m'a tué...

savoir où vous allez en courant ainsi ?
— Je cherche la chambre 325.
— Je vais vous y emmener. 325 ? C'est la chambre d'un enfant en réa, il me semble.
— Oui, c'est mon fils.
— Je préfère prévenir le médecin qui s'en occupe, et voir s'il peut vous recevoir.
— Ce n'est pas la peine, je veux juste voir mon fils.
— Je le comprends très bien, madame, mais je dois en aviser mon supérieur.

Line se calme et accepte de patienter jusqu'à l'arrivée du médecin. Elle se pose en salle d'attente. Les minutes qui suivent lui paraissent interminables. Elle est si fatiguée que ses yeux se ferment, contre sa volonté. La jeune infirmière la voyant endormie, décide de la laisser se reposer un peu.
Line dort, elle rêve. Elle se voit au bord de la mer faisant des châteaux de sable avec Gabin. Ils décorent les tours du château avec les coquillages ramassés sur la plage. Il pose son seau et sa pelle. Gabin court vers la mer, il se retourne, lui tend les bras. D'un seul coup, une énorme vague l'emporte. Line crie.
L'infirmière accourt vers elle et constate que Line est en plein cauchemar. Elle transpire, son pouls s'accélère. Elle lui tapote les joues pour la sortir de son sommeil. Line se réveille, paniquée, bafouillant des mots incompréhensibles.

— La mer, le seau. Il est dans l'eau ! Gabin est

Mon père m'a blessé... Mon beau-père m'a tué... dans l'océan !
— Madame. C'est fini, réveillez-vous. Ce n'était qu'un mauvais rêve !

Line la regarde, et reprend ses esprits. Au même instant, un homme vêtu d'une blouse blanche, apparaît devant elle. Elle se lève d'un bond.

— Vous êtes le docteur qui s'occupe de Gabin ?
— Oui, bonjour, madame. Je suis le docteur Klein. Suivez-moi, je vous accompagne.

Chambre 325. Line pousse la porte tout doucement. Gabin est alité, branché de partout. Elle se penche, lui passe la main dans les cheveux et l'embrasse tendrement sur le front. Elle lui parle, à voix basse.

— Maman est là mon chéri. Je vais prendre soin de toi. Je t'aime mon fils, je t'aime plus que tout au monde.

Le docteur Klein l'observe discrètement, sans dire un mot. Line serre la main de son fils dans la sienne. Des larmes coulent sur son visage. Elle lui caresse les joues, le visage, lui murmurant une berceuse qu'elle lui fredonnait quand il était petit. Puis, elle s'adresse au médecin.

— Dites-moi docteur, va-t-il s'en sortir ?
— Nous l'espérons madame. Votre fils a ingéré un volume important d'alcool, et, d'après les résultats

Mon père m'a blessé... Mon beau-père m'a tué...

du lavage gastrique, il a également avalé des comprimés de méthadone. Ce cocktail explosif lui a fait perdre connaissance. Mon équipe est parvenue à le réanimer, seulement, quelques minutes plus tard, il a plongé dans ce coma. Je ne peux vous dire s'il va sortir de ce coma demain, dans dix jours ou bien dans deux mois. A-t-il des antécédents cardiaques ? Est-il asthmatique ?
— Non. Rien de tout ça. Et si vous avez enlevé cette drogue de son estomac, il devrait aller mieux, non ?
— Justement, tout le problème est là. Son organisme fonctionne au ralenti, il a du mal à évacuer tous ces produits toxiques. Le surdosage de méthadone a pour conséquence de ralentir le système respiratoire, de provoquer des convulsions, et d'envoyer la victime dans un coma parfois mortel. Rassurez-vous, d'après les résultats, la consommation de méthadone était à la limite de ce que pouvait supporter l'organisme de votre enfant. Il devrait revenir à lui, si tout va bien. Vous devez être épuisée, vous devriez rentrer chez vous et vous reposer. Gabin est sous surveillance 24 heures sur 24, s'il se passe quoi que ce soit, je vous appelle.
— Je peux rester près de lui docteur ? J'aimerais être seule avec lui.
— Bien entendu. Je vous l'accorde. Avez-vous besoin d'un anxiolytique ? Je vous trouve très nerveuse, cela vous aiderait à surmonter cette épreuve.
— Merci, c'est gentil, mais ça va aller. Ne vous

Mon père m'a blessé... Mon beau-père m'a tué... inquiétez pas pour moi.
— Très bien, comme vous voulez. Quand vous partirez, veillez s'il vous plaît à remonter le barreau du lit. Au revoir, madame.
— Au revoir docteur.

Line approche le fauteuil du lit de Gabin. Elle pose sa tête sur le bras de Gabin, meurtri par les piqûres. Elle regarde son fils, les yeux fermés, la respiration lente. C'est ainsi qu'elle s'endort, enfin apaisée d'être à ses côtés.
Elle dort si profondément, qu'elle ne sent pas le contact des infirmiers la soulevant pour l'allonger sur le lit voisin.
C'est le vibreur de son portable qui la réveille.
Il est treize heures. Elle a passé la matinée dans un lit d'hôpital à dormir. Elle l'attrape au fond de sa poche. Le numéro de Benoît s'affiche à l'écran. Elle tend l'index pour répondre, puis d'un geste ferme, elle rabat le clapet. Elle n'a pas envie de lui parler.
Parler de quoi, se dit-elle ? Il ne s'est pas inquiété de la nuit. À aucun moment il a tenté de l'épauler, de la réconforter. Elle prend alors conscience que Benoît est tranquillement à la maison, alors que sa place aurait dû être près d'elle, pour la soutenir. Elle l'entend encore vociférer au lieu de lui demander gentiment des nouvelles de Gabin. Elle touche son avant-bras, et le revoit la forcer à remonter se coucher. Elle ressent de la haine, de la colère envers lui.
Et si le commissaire Desjardins avait raison ?

Mon père m'a blessé… Mon beau-père m'a tué…

Benoît s'est montré si odieux, si égoïste, que Line commence à se poser des questions. Elle se penche sur le côté, et regarde Gabin, toujours absent. Line se promet de découvrir le secret de Gabin.
Elle veut comprendre et se sent coupable. Coupable, car elle craint d'avoir porté des œillères durant des années. Elle se redresse, descend du lit. Elle pose délicatement un baiser sur la joue de Gabin, et lui glisse au creux de l'oreille :

— Maman va trouver pourquoi tu as fait ça mon chéri. Je t'aime.

Line sort, et reprend la route qui mène chez elle.
Elle sent cette boule d'angoisse qui monte.
Elle respire et inspire plusieurs fois pour faire disparaître ce nœud. Elle range la voiture dans l'allée. Elle remarque que les volets de sa chambre sont fermés. Elle tourne la poignée de la porte d'entrée, et pénètre dans la maison. Curieusement, aucun bruit. Il règne un silence de plomb. Cette ambiance, plutôt fantôme, met Line mal à l'aise. Elle fait le tour des pièces.
La cuisine est, sans dessus-dessous. Les bols du matin, les couverts et assiettes du déjeuner, tout est amassé dans l'évier. Les paquets de biscuits, le lait, rien n'est rangé. Contrariée, elle se rend au salon. C'est pire ! La télé est allumée, le cendrier déborde de mégots fumants, mal écrasés et le canapé fait office de poubelle pour les canettes de bière.
Line a un mauvais pressentiment. Elle monte à l'étage. Dans sa chambre, une odeur nauséabonde

Mon père m'a blessé... Mon beau-père m'a tué...

lui agresse les narines. Elle plaque son foulard contre son nez et avance à tâtons dans le noir. Elle atteint la fenêtre, l'ouvre et pousse violemment les volets. Benoît, réveillé brutalement, lui ordonne :

— Merde alors ! Tu fais quoi ? Ferme-moi ça tout de suite !

Line n'en croit pas ses yeux. Benoît est enroulé d'un drap tâché de vomissures, et le reste de la chambre ressemble à un véritable dépotoir. Dépitée, elle l'interroge :

— Benoît, que s'est-il passé ? Tu es complètement malade ou quoi ? Où sont Camille et Tom ?
— Tu sais quoi, tu prends tes affaires, et tu te casses ! Va rejoindre ton môme, et ne nous emmerde pas !
— Tu vas te calmer sinon j'appelle la police !
— Vas-y, le téléphone est là ! Appelle le ton flic !

Line n'insiste pas. Encore anesthésié par l'alcool, Le dialogue avec lui est impossible, Elle file dans les chambres des enfants de Benoît. Personne.
Mais où sont-ils passés ? Inquiète, elle envoie un sms à leur mère pour savoir si elle est au courant de leur disparition. « *Camille et Tom sont-ils avec vous ?* ».
En attendant, elle retourne les placards à la recherche de leurs affaires. Quelques minutes après, leur mère répond :
« *Oui. Il me les a ramenés ce matin. Pourquoi ?*

Mon père m'a blessé... Mon beau-père m'a tué...

Un problème ?». Line, soulagée, lui envoie un simple « *Merci* », sans rentrer dans les détails. Elle n'entend plus la voix de Benoît, il a dû se rendormir. Elle entreprend de nettoyer et ranger toutes les saletés qu'il a laissées, pendant que ce dernier cuve son vin. Elle lave, trie, balaie et toile durant deux heures.
À bout de force, elle se retire dans la chambre de Gabin et s'y enferme.
Elle s'effondre sur son lit, regarde les posters que Gabin a collectionné, soigneusement punaisés aux murs.
Rien ne traîne, ses affaires sont empilées sur les étagères, ses paires de chaussures disposées toutes dans le même sens, et son sac à dos pour aller en cours, est accroché sur sa chaise de bureau.
Line constate que l'ordinateur est resté ouvert. Elle s'installe devant et allume l'écran. Elle sourit.
À l'allumage de l'écran d'accueil, Gabin a choisi une photo de sa mère et lui, soufflant son gâteau d'anniversaire, pour ses trois ans. Line est émue.
Elle essuie une larme. Elle affiche le bureau, puis ouvre à tour de rôle les différents fichiers créés par son fils. Son sixième sens lui dit que quelque chose de secret concernant Gabin, se cache dans cette machine.
Elle clique sur le fichier download et y trouve toutes les vidéos téléchargées par Gabin. Elle les visionne une par une, rien. Son pointeur glisse sur le fichier images. Elle double-clique. Un album de cinq cent soixante photos apparaît, qu'elle regarde

Mon père m'a blessé... Mon beau-père m'a tué...

en diaporama. Elle stoppe sur certaines images qui l'interpellent. Gabin les a classées en sous-dossiers, auxquels il a donné un titre. Line trouve des photos sous « *Maman* », sous « *Maman et moi* », sous « *Mes amis* » et sous « *Mes rêves* ».

Il n'existe aucun dossier qui rassemble les images des dernières fêtes de Noël, des anniversaires de Camille ou Tom, Line trouve uniquement des photos d'elle prises par son ex-mari, des photos de vacances avec Gabin, des dizaines de portraits de ses copains, et de magnifiques prises de vues sur la mer, les nuages et la Laponie, pays que Gabin rêve de visiter un jour. Elle se recule de l'écran, pensive. Elle vient de comprendre une chose importante, le monde que Gabin s'est créé sur ce dossier image, se compose uniquement des personnes et des choses qu'il affectionne.

Le bruit de la douche la sort de ses pensées.

Elle ferme l'ordinateur, et se dépêche de monter à l'étage faire sa chambre pendant que Benoît est dans la salle de bain.

Quelle puanteur !

Line songe que si elle était dans une décharge, elle ne verrait pas la différence.

Elle attrape du bout des doigts le drap maculé de vomis et le fourre dans un sac-poubelle. Les taies d'oreiller, le drap-housse, la couette et le tapis de sol subissent le même sort. Elle réouvre en grand la fenêtre, et elle vaporise un parfum d'ambiance pour tuer l'odeur. Line n'entend plus l'eau couler. Vite, elle retourne dans la chambre de Gabin. Elle n'a aucune envie de croiser cet homme qui la

Mon père m'a blessé... Mon beau-père m'a tué...

répugne par son comportement.
Elle perçoit les pas de Benoît qui descend les marches.
D'un ton moqueur, il lui dit :

— Line ! Tu es où chérie ? Line !

Line ne lui répond pas. Il s'impatiente rapidement. S'emporte.

— Line, tu vas me répondre ou quoi !

Line reste muette. La porte d'entrée claque bruyamment. Le calme revient. Benoît est parti. Line est soulagée. Autant elle avait confiance en lui, autant elle commence à le craindre. Ses sentiments sont partagés. Elle partage la vie d'un homme, le beau-père de son fils, qui ne s'est pas soucié une seule seconde de la santé de Gabin, de ce qui lui était arrivé.
Hallucinant ! Elle n'aurait jamais imaginé un tel scénario. C'est la première fois qu'il se saoule au point d'être malade à la maison, et elle espère bien que cela sera la dernière.
Sacré dimanche !
Ce week-end bat tous les records de mauvaises surprises. Seule, elle en profite pour se détendre.
Elle se glisse dans un bain chaud, et ressasse les moments forts depuis l'appel du commissaire. Elle revoit Gabin, étendu, et quasiment sans vie. Line veut comprendre, les conclusions du commissaire sont nulles, elle doit lui apporter des arguments qui

Mon père m'a blessé... Mon beau-père m'a tué...

lui seront utiles. Elle sort de la salle de bain, et retourne dans la chambre de son fils.
Son instinct la pousse jusqu'à l'ordinateur. Elle le met en marche. Ayant déjà épluché tous les fichiers visibles, Line s'attaque aux sous-dossiers. Ce n'est pas une professionnelle de l'informatique, mais ça, elle sait faire.
Deux longues heures à ouvrir, fermer, ouvrir et fermer les fichiers sans résultat. Perplexe, elle prend du recul, réfléchit. Son regard s'éclaire, elle esquisse un sourire en coin. Line inverse les rôles, et se met à la place de Gabin. Selon elle, c'est un moyen de trouver le secret de Gabin. Elle dirige son pointeur de souris vers une icône du bureau nommée « LITTERATURE ». Elle clique. Le dossier s'ouvre, et là, ses yeux s'écarquillent grand comme des calots. Line reste bouche bée. Le titre choisi par Gabin l'horrifie.
Comment un enfant comme lui a-t-il pu écrire « *Mon père m'a blessé ... Mon beau-père m'a tué ...* » ?
Elle meurt d'envie de découvrir ce texte, mais une pointe de culpabilité l'en empêche.
Lire ces lignes, revient pour elle, à violer l'intimité de son fils.
Elle se demande qu'elle serait la réaction de Gabin, s'il apprenait qu'elle avait fouillé dans son ordinateur.
Line doute, hésite à poursuivre sa lecture. Elle ne peut s'empêcher de parcourir en biais la page devant elle.
Elle est bouleversée par la dureté des mots que son

Mon père m'a blessé... Mon beau-père m'a tué...

regard croise. Choquée, elle ferme l'ordinateur. Line soupire. Elle quitte la pièce. Doit-elle avertir le commissaire ? En discuter avec le père de Gabin ? En parler avec son beau-père ? Ces questions demeurent sans réponse. Elle doit méditer sur ce qu'elle a lu. Les quelques mots retenus au hasard, comme blesser, murer et tuer, hantent son esprit. Elle a peur de la vérité, et sait qu'elle n'a pas d'autre choix que de lire dans son intégralité le texte de Gabin, pour l'aider.

Cependant, elle n'est pas prête psychologiquement à affronter cela. Absorbée par ses pensées, Line n'a pas vu le temps passer. Il est bientôt dix-neuf heures, elle doit préparer le dîner. Elle sort de la chambre de Gabin à reculons.

Dans la maison, toujours pas d'âme qui vive. Elle ouvre le réfrigérateur, prend deux œufs, de la salade et du gruyère râpé. Elle pose la poêle sur le feu, fait fondre une noisette de beurre et casse les œufs. Entre deux, elle dispose dans une assiette quelques feuilles de salade, parsemées de gruyère. Line verse les œufs au plat à côté, et emmène le tout au salon. Zut ! Elle a oublié le pain et l'eau. Elle remédie à son oubli immédiatement.

Et, tel un chat qui s'étire longuement, lentement, elle s'allonge sur le canapé. Elle savoure sa tranquillité. Benoît n'est pas là, elle est ravie. Elle peut enfin, elle aussi, apprécier un moment de détente chez elle, devant sa télé sans que personne ne la dérange.

Un bruit sourd de portière la fait sursauter.

Mon père m'a blessé… Mon beau-père m'a tué…

Vite ! Line se redresse, se précipite à la cuisine, jette les restes dans la poubelle. Elle balance la poêle dans le lave-vaisselle, s'empresse d'éteindre la télévision, et file à l'étage dans sa chambre. Essoufflée, elle colle son oreille à la porte. Elle entend le son de la télé. Elle n'ose pas descendre, elle craint qu'il n'ait bu.
Soudain, il l'appelle.

— Line ! Tu descends ?

Line est surprise. Le ton emprunté par Benoît est normal, posé. Elle lui répond, après quelques secondes d'hésitation.

— Voilà, j'arrive !

Effectivement, il est sobre. Il tend les bras vers elle.

— Viens ma chérie, je dois te parler.

Croyant à un revirement de situation, elle accepte son invitation à se jeter dans ses bras. Il la serre fort contre lui. La relâchant, il la regarde d'un air désolé, à faire pitié.

— Excuse-moi pour hier soir, pour ce matin. J'ai honte.

L'étonnement de Line est à son comble. Si elle se souvient bien, c'est la première fois que Benoît s'excuse d'avoir trop bu.

Mon père m'a blessé... Mon beau-père m'a tué...

— C'est clair, ce matin c'était Beyrouth ! Tu te rends compte au moins du chantier, que dis-je ! Du tas de merde que tu m'as fait !

Étonnée, certes, mais pas du tout attendrie par son homme, Line se rebelle. Ce qu'elle a vécu ce matin, nettoyer et récurer son trop-plein de bouteilles, elle ne veut pas que cela se reproduise. Benoît est, lui aussi, surpris par Line. Il ne la connaissait pas sous cet angle, habitué à la gentille femme qui dit oui, n'osant pas contredire son homme.
Dubitatif, il enchaîne.

— Je suis désolé mon amour. Tu es partie si vite dans la nuit sans que je sache vraiment ce qui se passait. J'étais très inquiet. Et puis, un verre entraînant un autre verre, je me suis un peu trop lâché !

D'un ton autoritaire, Line s'emballe.

— Non mais, c'est l'hôpital qui se fout de la charité ! Tu ne manques pas d'air ! Gabin est dans le coma ! J'ai passé ma nuit au commissariat à déballer ma vie privée, et je suis restée des heures au chevet de mon fils, et toi, tu ne trouves pas mieux que de te bourrer la goule prétextant ton inquiétude. À d'autres s'il te plaît ! Tu as essayé de me joindre en fin de matinée seulement. Et tes enfants, ils t'ont vu dans cet état ? Dis-moi que non !

Mon père m'a blessé... Mon beau-père m'a tué...

Benoît se trouve face à une femme déchaînée, qui n'en peut plus de garder ce qu'elle a sur le cœur.
Macho, il veut reprendre les rênes, mais, à la dernière seconde, il se ravise. Il s'incline, endossant le rôle du perdant.

— Je vois que cela ne sert à rien de discuter avec toi, tu es si remontée contre moi. Que puis-je faire pour me faire pardonner ?

Line reste sur sa position de dominante.

— Rien. Ne fais rien, tu en as assez fait ! Si tu as faim, sers-toi dans le frigo. La boniche est en congé.

Sur ces mots, elle attrape un bouquin et campe sur l'autre bout du canapé. Benoît se tait. Il sait que Line lui reproche par-dessus tout de ne pas lui avoir demandé de renseignements concernant Gabin, de ne pas l'avoir accompagné. Cela ne le perturbe pas plus que ça, il se dirige vers la cuisine en quête d'une bière. Vide. Pas une canette sur l'étagère du frigo. Il se penche, regarde Line plongée dans son livre. Il ouvre doucement la porte du placard de la réserve. Il en ressort, un pack de blonde à la main, le sourire aux lèvres. S'assurant que Line est toujours en pleine lecture, il décapsule une bouteille et la sirote en cachette.
Line n'entend pas le pschitt qui s'échappe. Elle est ailleurs. Elle ne lit pas, elle gamberge. Sa préoccupation première, Gabin. Il est bientôt vingt

Mon père m'a blessé... Mon beau-père m'a tué...

et une heures, toujours pas de nouvelles de l'hôpital. Demain, elle retourne au travail. Elle ira le voir à l'heure du déjeuner. Benoît la retrouve et se colle à elle. Une odeur particulière fait froncer les sourcils de Line.

— C'est quoi cette odeur ? Ne me dis pas que tu as bu... en douce !
— Une petite bière ma chérie, ce n'est rien.
— Décidément, tu ne comprends rien à rien !

Exaspérée, elle envoie valser son livre sur la table basse, soupire, le laissant en plan sur le divan. Lui, imperturbable, poursuit son zapping.
Line s'isole dans la chambre de Gabin, pièce dans laquelle elle se sent bien, en sécurité. Prise par des frissons qui lui parcourent le corps, elle s'emmitoufle dans le duvet de son fils. Le parfum de Gabin qui imprègne le tissu la rend nostalgique. Son cœur se serre, elle remonte la couette jusqu'à son bout de nez. Impuissante face à tous ces événements, elle déprime. Line sait que son compagnon a toujours eu le verre de trop, mais comme l'a si bien insinué le commissaire Desjardins, elle fuit la réalité.
Toutes ces années passées, elle n'a rien osé dire, elle l'a laissé faire. Pour quelle raison, se demande-t-elle ?
Juste pour avoir la paix, et aussi, que temps que cela ne se répercutait pas sur sa vie de famille, elle passait outre. Aujourd'hui, elle est décidée à ouvrir les yeux, à ne plus laisser s'installer la débâcle

Mon père m'a blessé… Mon beau-père m'a tué…

dans sa maison.
Au fil des heures de cette éprouvante journée, Line est convaincue que Benoît est responsable du drame de Gabin.
Elle inventorie un à un les points susceptibles d'être responsable de cet accident, et en revient toujours au même, celui qui sème le doute en elle : Benoît. Son regard se fige alors vers l'ordinateur de Gabin. La tentation est trop forte.
Elle se lève, entrouvre la porte pour écouter si Benoît est toujours devant la télé.
Les cris des spectateurs d'un probable match de foot venant du salon, lui laissent à penser que son homme est obnubilé par l'écran. Elle referme la porte, tourne la clef dans la serrure. Assise en face du pc, elle appuie sur le bouton marche. D'une main tremblante, elle fait glisser le pointeur sur l'icône « LITTERATURE ».
Line double-clique. Le texte de Gabin s'affiche. Line lit le titre à voix basse, la gorge nouée :
« *Mon père m'a blessé… Mon beau-père m'a tué…* ».
Happée par les mots, elle poursuit sa lecture.

« *Mon père m'a blessé… Mon beau-père m'a tué…* »

Je me souviens, quand j'étais petit, maman et papa s'aimaient. Ils ne pouvaient pas se passer l'un de l'autre. C'était un couple fusionnel. Ils riaient, ils se taquinaient, ils chantaient et dansaient ensemble. J'adorais les voir se prendre dans les

Mon père m'a blessé... Mon beau-père m'a tué...

bras, s'embrasser. J'étais dans une bulle. Leur amour, si fort, si sincère, était à mes yeux le plus beau cadeau du ciel. Les anniversaires, les fêtes de Noël, les vacances passées au bord de la mer ou à la montagne, c'était magique !
Je sens encore la main de maman caressant mes cheveux, son odeur quand elle me serrait dans ses bras avant de me coucher. J'entends encore la voix de papa qui me murmurait à l'oreille « Bonne nuit mon fils, je t'aime ». Pour moi, tout me semblait normal. Je grandissais dans un cocon.
Sauf qu'un jour, je m'en rappelle comme si c'était hier, le pire souvenir de ma vie arriva.
C'était un mardi, maman ne pouvait pas venir me chercher à l'école ayant trop de travail à la boutique. Elle m'avait donc proposé de prendre le bus à la sortie pour rentrer plus tôt à la maison. J'aimais bien prendre le bus, j'avais l'impression d'être un grand. Mais je préférais être accueilli par maman ou papa à la sortie, c'était mieux. Papa étant lui aussi débordé de boulot, je n'avais pas trop le choix.
Il pleuvait comme vache qui pisse, disait souvent mon père. C'était en courant, le cartable au-dessus de la tête, que j'attrapais le bus. Le trajet n'était pas bien long, une vingtaine de minutes. Arrivé devant la maison, je m'apprêtais à donner un coup de clef dans la serrure, mais, surprise, la porte était déjà ouverte.
Sur mes gardes, je me faufilais à l'intérieur sans faire de bruit. J'avais un peu la trouille de tomber sur un voleur. Avec tout ce que je voyais aux

Mon père m'a blessé... Mon beau-père m'a tué...

informations, je ne crânais pas. J'entendis des petits couinements venant de l'étage.
À huit ans, j'étais curieux mais pas téméraire. Mon cœur battait à deux cents à l'heure ! Je me disais que je ferai mieux de me cacher dans le placard à balais et attendre que mes parents rentrent. Dans le noir, coincé entre l'étagère de produits ménager et l'aspirateur, je ne bougeais plus. J'écoutais. J'avais l'impression que le temps ne passait pas. Je priais les yeux fermés, pour que papa ou maman reviennent.
Des bruits de pas résonnaient dans les marches. J'en déduisais qu'il y avait deux personnes, au décalage des sons émis par les chaussures. Je tendais l'oreille pour essayer d'en savoir plus sur ces deux intrus qui déambulaient dans ma maison.
Les chuchotements, les petits rires que je percevais, me faisaient penser à une femme, et à un homme. Je prenais le risque, à cet instant, d'entrebâiller la porte du placard pour mettre un visage à ses voix. Ce que je vis alors me fit froid dans le dos.
Une belle dame, assez jeune, tenait un monsieur par le cou et l'embrassait fort. Comme maman et papa quand ils se faisaient des bisous d'amour.
Sauf que là, le monsieur qu'elle embrassait, c'était mon père !
Je plaquais ma main sur ma bouche pour m'empêcher de crier. Les yeux larmoyants, je regardais cet homme, mon père, raccompagner cette femme à la porte. J'avais mal au cœur, comme si j'avais envie de vomir. Mais j'étais prisonnier de ce placard. Je rendis donc le repas

Mon père m'a blessé... Mon beau-père m'a tué...

de la cantine dans le seau à toiler de maman.
Assis, les genoux remontés, je réfléchissais à ce que je venais de découvrir. Papa aimait une autre femme. Je voulais que maman rentre vite pour que je lui dise parce qu'elle devait savoir. Ce n'était pas bien de mentir, alors dès qu'elle serait là, je lui dirai. Je poussais tout doucement la porte. Personne. Papa était sorti en même temps que cette fille.
Ouf ! Je pouvais enfin me dégourdir les jambes avant de rejoindre ma chambre et m'y enfermer à double tour. Je n'avais pas envie de faire mes devoirs, ni de prendre mon goûter. J'étais en colère contre papa. Je ne comprenais pas qu'il trompe maman. Je me sentais trahi, blessé. Je tournais et retournais la situation dans ma tête pour trouver une solution.
Et puis, je me suis dit, qu'en fait, je ne dirai rien à maman sinon j'allais lui faire du mal. Et ça c'était impossible. J'étais triste, j'avais envie de pleurer.
Je me jetais sur mon lit et m'effondrais en larmes.
Toc, toc, toc ! Aux gros tocs que cela faisait, c'était mon père.

— Gabin. Tu viens dîner, il est l'heure. Ta mère et moi t'attendons.

Je séchais mes larmes. Dans le miroir, on aurait cru un lapin russe. Tant pis je leur raconterai que je faisais une allergie aux acariens. Donc ce soir-là, mal à l'aise, je me retrouvais à table avec ma mère et un menteur. Désagréable comme situation,

Mon père m'a blessé… Mon beau-père m'a tué…

surtout que mon père, mon très cher père, ne lésinait pas sur les « Tu es ravissante ce soir », « Je t'adore » et compagnie !
Un lâche !
Voilà à qui il me faisait penser quand je le regardais. Non, cet homme n'était plus mon père, c'était un traître ! Maman me regardait, inquiète.

— Gabin, tu es sûr que ça va ? Tu es tout pâle.
— Ce n'est rien maman, je suis un peu barbouillé. On a mangé un truc bizarre à la cantine, c'est sûrement ça.
— Ne te force pas à finir ton repas, va te reposer, cela te fera du bien.

Sur ses conseils, je quittais la table en foudroyant mon père du regard. Ignorant que je l'avais vu, il me renvoyait un hochement de tête. Je me jurais de lui faire payer un jour. J'étais petit, mais comme disait maman, très mature pour mon âge. Et cette affreuse découverte m'avait poussé en avant, je ne regardais plus les hommes de la même façon après ça. Je les détestais ! J'étais méfiant.
Chaque fois que mon père posait ses lèvres sur celles de maman, je revoyais la scène avec cette jeune inconnue, et j'éprouvais une gêne terrible vis-à-vis de ma mère. Je souffrais pour elle, en silence.
Un jour, je fis semblant d'aller à l'école pour suivre mon père. Je voulais savoir si cette histoire était finie. Je pris le bus, jusqu'à son bureau, me cachant dans la foule pour passer inaperçu. Ce

Mon père m'a blessé... Mon beau-père m'a tué...

père-modèle, était devenu, un étranger.
Le bus s'arrêta devant l'immeuble où travaillait mon père. Je me dégageais pour descendre discrètement. J'aperçus mon père, sa sacoche sous le bras. Je lui laissais quelques mètres d'avance pour ne pas être repéré. Il s'arrêta, consulta sa montre. Au lieu de rentrer dans l'immeuble, il tourna au coin de la rue.
Il y avait beaucoup de monde. Je le perdis de vue.
Je continuais à avancer sur le trottoir, scrutant chaque magasin, chaque bar, dans l'espoir de le voir.
Je n'attendis pas longtemps. Le nez collé à la vitre, je le vis, installé à une table buvant un café. Trente secondes après, il releva la tête, un large sourire aux lèvres. Elle était là ! Aussi belle que la fois où je l'avais vue embrasser mon père. Elle s'assit en face de lui, lui prenant la main, il approcha son visage du sien. Ils échangèrent un long baiser. Ils restèrent ainsi, sans se quitter des yeux jusqu'à ce que mon père tourne la tête et me vit ! J'eus un moment d'absence, puis je pris mes jambes à mon cou.
J'entendais mon père qui criait « Gabin ! Gabin ! Viens ici tout de suite ! ».
Je courais, je courais je ne voulais pas me retourner. Au coin de la rue, à bout de souffle, je m'adossais contre un mur. Il valait mieux que je file à l'école pour ne pas avoir d'ennuis. Je repris le bus dans le sens inverse. Arrivé à l'école, je dus passer par le bureau de la directrice pour m'excuser de mon retard.

Mon père m'a blessé… Mon beau-père m'a tué…

Celle-ci ne chercha pas midi à quatorze heures, et me conseilla de rejoindre ma classe immédiatement.
La journée d'école ne fut pas assez longue pour une fois. J'aurais aimé qu'elle dure des heures, voire une semaine. Je craignais d'affronter mon père. Il avait l'air si furieux ce matin, qu'il fallait à tout prix que je trouve une ruse pour l'éviter. La sonnerie de la fin de journée retentit. Je patientais, ne sachant pas trop qui de maman ou de mon père viendrait me chercher.
Pas de chance ! Mon père arriva, droit comme un i, les mains dans les poches de son grand manteau noir, avec un regard pas très accueillant.
Sans me dire un mot, il me tint fermement la main. Il ne me lâcha pas. Je n'osais rien dire.
Une fois à la maison, je me hâtais de me réfugier dans ma chambre, quand soudain une grosse voix me freina.

— Gabin ! Viens me voir. Il faut que j'aie une petite discussion avec toi mon garçon.

Aie ! J'étais pris au piège. Je fis demi-tour, m'asseyant sur le canapé, face à lui. Le regard moins dur, plus détendu, il me dit :

— Dis-moi, que faisais-tu ce matin devant le bistrot près de mon boulot ? Tu ne devais pas être à l'école ?
— Euh, ce n'était pas moi papa. Demande à la maîtresse, elle te dira que j'étais en classe.

Mon père m'a blessé... Mon beau-père m'a tué...

— *Tu crois que ta mère serait contente de savoir que tu as séché l'école ?*
— *Mais, papa, j'étais à l'école.*
— *Arrête ton petit jeu Gabin ! C'est bien toi et personne d'autre que j'ai vu ce matin. Tu m'as vu toi aussi, n'est-ce pas ?*

J'hésitais à répondre à cette question, mais je n'avais guère le choix.

— *Oui papa. C'est bien moi que tu as vu. C'est bien moi qui fuyais dans la rue quand tu m'appelais. Et oui, papa, je vous ai vu, toi et la dame.*
— *Bien. Et tu as vu quoi Gabin ?*
— *Ben, vous vous êtes fait un bisou sur la bouche.*
— *Je vois. Sais-tu garder un secret mon fils ?*
— *Oui, je peux. Je fais ça souvent à l'école avec mes copains.*
— *Bien ! Alors, le secret que tu dois garder, c'est que tu ne m'as pas vu avec une dame ce matin. Tu n'as rien vu parce que tu étais à l'école. Tu comprends ?*
— *Mais, papa. Tu vas dire à maman que j'ai loupé la classe ce matin ?*
— *Non Gabin. Ce sera mon secret. Tu as ton secret, j'ai le mien. Personne, ni maman, ni Emma, personne ne doit connaître notre secret. Ça marche fiston ? Tape là si tu es d'accord !*

Il tendit la paume de sa main pour que je conclus avec lui ce pacte qui me semblait malsain.

Mon père m'a blessé... Mon beau-père m'a tué...

J'avançais timidement le bras, prêt à claquer ma main dans la sienne.

— Allez, allez Gabin ! Vas-y tape !

Je fermais les yeux et je tapais ma main dans la sienne, le cœur gros. Je savais que mon père m'avait forcé à nier les faits, je m'en voulais. Il me serra fort contre lui, comme pour me féliciter de mon acte. Je ne lui rendis pas ce geste d'affection excessif, j'étais froid.
Je prétextais mes devoirs pour m'échapper d'entre les bras de ce monstre sans cœur. Je me souviens avoir pleuré des nuits et des nuits, à faire des cauchemars après cette terrible promesse.
Dans mes cauchemars, maman était seule, en pleurs allongée sur le pas de la porte, regardant, impuissante mon père s'enfuir avec cette femme. Moi, dans ce mauvais rêve, j'étais enfermé dans le placard à balais, enchaîné, bâillonné, par mon père, ne pouvant venir en aide à maman.
Ce fut une période très difficile, je m'éloignais de mon père, me rapprochais de ma mère, et celle-ci, à mon grand désarroi, ne changeait pas. Je ne supportais plus de voir mon père poser la main sur elle, lui caresser les cheveux, lui sourire, l'embrasser, lui parler. Je le haïssais !

Line commence à cligner des yeux. Hypnotisée par sa lecture, elle n'a pas vu l'heure passer. Elle est atterrée par ce qu'elle vient de lire.
Elle est entrée dans le jardin secret de Gabin, et

Mon père m'a blessé... Mon beau-père m'a tué...

malgré la fatigue, elle a du mal à se détacher de ses confessions intimes. Elle se rend compte de la souffrance psychologique endurée par son fils depuis plusieurs années. Line s'en veut de ne pas avoir su détecter le mal-être de son fils.
À l'époque où elle vivait en couple avec son mari, elle était sur un nuage. Pour elle, tout était parfait, elle était mariée avec un homme formidable, aimant, et se sentait comblée en tant que mère.
Les écrits de Gabin, lui font mal. Line essaie de se replonger dans le temps, s'efforce de trouver une faille, celle qui aurait dû lui ouvrir les yeux. Mais elle ne trouve pas. Elle a été bernée par son ex-époux, naïvement. Quelle cruche ai-je été ! Se dit-elle. Et son petit garçon, témoin de la trahison de son propre père, contraint au silence. Line ne s'en remet pas.
Comment son ex-mari a-t-il pu oser faire pression sur son petit bonhomme ! C'est insensé. Avec hésitation, Line referme le fichier et éteint l'ordinateur.
Elle travaille le lendemain, et doit avoir bonne mine pour rendre visite à Gabin. Elle quitte la chambre. D'un pas nonchalant, elle monte se coucher. Benoît dort déjà. Elle s'allonge, prenant soin de ne pas le toucher. La nuit fut agitée. Line, tourmentée par le récit de son fils, eut un sommeil saccadé. Au petit matin, quand elle allume la lumière du miroir de la salle de bain, elle fait la grimace. Ses yeux sont pochés, marqués de cernes. Pire que si elle était sortie la veille jusqu'à l'aube.
Avec soin, elle pose une touche d'anti cernes,

Mon père m'a blessé... Mon beau-père m'a tué...

camoufle son teint blafard avec une crème de jour teintée, et se maquille. C'est mieux, pense-t-elle.
Elle jette un rapide coup d'œil dans la chambre. Benoît dort encore.
Elle dévale les marches, attrape son sac à main, enfile sa petite veste en cuir noire, et claque la porte, volontairement.
La matinée à la boutique se déroule comme d'habitude avec les allées et venues des clients. Travailler lui change les idées, pas totalement, mais cela la détend. Elle se sent obligée de sourire et de conseiller les acheteurs potentiels. Sa patronne, Emma, est géniale. Elle est devenue avec le temps, une véritable amie pour Line. Elles se racontent leurs misères, leurs joies. Emma n'est pas très avenante aujourd'hui, remarque Line.
Comme si elle attendait que Line vienne à elle. Seulement, Line ne sait pas comment aborder le sujet concernant son fils. Emma lui tend la perche.

— Line, tu n'aurais pas quelque chose à me dire par hasard ? Je ne sais pas, mais mon petit doigt me dit que tu me caches un truc.
— Emma, tu es trop forte, je ne peux vraiment rien te cacher.
— Tu vois, j'avais raison ! Vas-y, profites-en, nous sommes seules.
— Je vais aller droit au but, Gabin a eu un accident.
— Quoi ! Non, tu me charries, ce n'est pas drôle !
— Malheureusement non, c'est sérieux. Il a fait une tentative de suicide ce week-end. Et là, il est dans le coma.

Mon père m'a blessé... Mon beau-père m'a tué...

— Non mais attend, un gamin de son âge, plein de vie, et qui plus est, adore sa mère. Pourquoi aurait-il fait une connerie pareille ? Cela n'a ni queue ni tête !
— Je sais. J'ai pensé la même chose que toi quand la police me l'a annoncée. Je ne comprends pas ce qui lui a pris. Je vais le voir à l'heure du déjeuner, veux-tu m'accompagner ?
— Bien sûr Line. Je n'en reviens pas. Je suis sidérée.
— Et moi donc !

Emma regarde la pendule du magasin. Elle affiche onze heures trente. Elle propose à Line de fermer afin de prolonger sa visite à l'hôpital. Line acquiesce. Ensemble, elles partent voir Gabin. Line oscille entre avouer ou taire à Emma, ce qu'elle a appris dans l'ordi de son fils. Elle se tait.
Machinalement, elle frappe à la porte de la chambre de son fils. Un temps d'attente, elle ouvre. Quand Line voit son fils, endormi, dans la même position que la dernière fois qu'elle l'a quitté, elle s'écroule. Emma observe la scène. Elle est désarmée par la vision de son amie pleurant toutes les larmes de son corps, à genoux, au pied du chevet de son enfant.
Elle s'approche de Line, lui pose les deux mains sur ses épaules.

— Line, je t'en prie, relèves-toi. Crois-tu que Gabin aimerait te voir dans cet état ?

Mon père m'a blessé… Mon beau-père m'a tué…

Line sèche ses larmes, se relève.

— Non, tu as raison. Je dois être forte. Peux-tu, s'il te plaît, me laisser seule un instant ?
— Bien entendu. Je suis dans le couloir. Si tu as besoin de moi, appelle-moi.
— Merci Emma.

Emma ayant quitté la pièce, Line rapproche le fauteuil du lit et pose sa main sur celle de son fils. Elle ferme les yeux et prie. C'est alors qu'elle se porte au-dessus de son visage, l'embrasse tendrement sur le front, et lui murmure :

— J'ai trouvé ton secret dans ton ordinateur. Je sais que je n'aurais pas dû, mais je t'en supplie Gabin, pardonne-moi. Je veux t'aider, comprendre ce qui t'est arrivé et punir les responsables. Personne, oh non ! Personne n'a le droit de faire du mal à mon enfant ! Je suis navrée de ne pas avoir vu à quel point tu souffrais depuis la trahison de ton père. Je ne savais rien Gabin, crois-moi, je m'en veux de tout ça. Tu me manques, tes sourires me manquent, tes câlins me manquent. Reviens Gabin, j'ai besoin de toi. Sans toi, ma vie n'a plus de sens. Je t'aime mon chéri.

Subitement, l'électrocardiogramme s'emballe.
Le tracé du rythme cardiaque de Gabin chute, remonte en flèche. Le bip-bip au son strident de la machine alerte les infirmières. En un quart de seconde, elles encerclent Gabin et vérifient les

Mon père m'a blessé… Mon beau-père m'a tué…

électrodes.
L'une d'elles se retourne vers Line, et lui dit sèchement :

— Que s'est-il passé ? Avez-vous fait ou dit quelque chose ?
— Non, j'ai juste parlé à mon fils.

Les infirmières se concertent. Emma se tient près de la porte restée entrouverte. Un homme la bouscule.

— Excusez-moi.

Un médecin rejoint l'équipe de soins. Line est en retrait. Elle ne comprend pas les termes médicaux employés. Elle reconnaît le docteur Klein, celui qu'elle a rencontré le jour de l'hospitalisation de Gabin.

— Docteur, s'il vous plaît, je suis la mère de cet enfant.
— Ah, oui ! Il me semblait bien vous avoir déjà vu. Vous n'avez pas meilleure mine. Dormez-vous correctement ?
— Oui, ça va docteur. Je vous remercie.
— Vous êtes sûre ? Je peux vous prescrire de quoi vous détendre et passer de bonnes nuits.
— C'est gentil, mais ça ira. Quel est votre diagnostic le concernant ? Y a-t-il eu des améliorations ? Quand va-t-il se réveiller ?
— Son état est stable. Nous n'avons observé aucun

Mon père m'a blessé... Mon beau-père m'a tué...

changement, mis à part cette perturbation signalée par l'électrocardiogramme, rien. Votre fils est en quelque sorte dans un sommeil profond, il peut revenir à lui n'importe quand. Ses fonctions vitales fonctionnent normalement. Je peux vous poser une question ?
— Oui, bien entendu.
— Que faisiez-vous juste avant que son rythme cardiaque s'affole ?
— Je lui parlais docteur.
— Vous lui parliez de quoi ? De ses amis, de vous ?
— Non, c'est plus personnel. C'est entre lui et moi.
— Je comprends. Pardonnez mon indiscrétion. Je suis juste, comment dirais-je, je m'interroge sur la cause de ce changement cardiaque brutal.
— Croyez-vous que cela ait un rapport avec notre conversation ?
— Je ne peux être affirmatif de cette cause à effet. Aussi, je vous propose de réitérer cet exercice afin d'en mesurer les conséquences.

Line rayonne. Cette supposition lui donne une lueur d'espoir, celle de sortir Gabin de son coma.

— Docteur, serait-il possible que je passe plus de temps avec lui, à lui faire la lecture ?
— Je n'y vois pas d'inconvénients, au contraire. Une équipe médicale est à disposition en cas de problème, vous n'avez qu'à presser la petite poire rouge à la tête du lit de votre fils. Mesdames, tout est ok ?
— Oui, docteur. Le pouls est correct, la tension est

Mon père m'a blessé... Mon beau-père m'a tué...

stable. La température est à 37 degrés. Les pupilles sont normales. Examen ok.
— Bien. Je vous remercie.

Les infirmières quittent la chambre. Le docteur Klein salue Line.

— Soyez patiente madame. Il va s'en sortir, mais laisser lui du temps.

Il sort. Emma entre à son tour.

— Tout va bien Line ?
— Oui, Emma. Tout va bien. Le cœur de Gabin s'est un peu emballé, rien de grave.
— Il t'a dit quoi le docteur ?
— Il pense que je devrais converser plus souvent avec mon fils, car il croit que cette agitation serait le résultat de mes paroles, de ma voix.
— Cela veut dire qu'il entend ? Je suis heureuse pour toi, pour vous, Line.
— Moi aussi. Je vais passer ma journée de congé près de lui, à lui raconter des histoires. Et, qui sait, il se réveillera peut-être ?
— C'est une bonne initiative. Je te laisse, il est l'heure d'ouvrir la boutique. Prends ton temps, reste encore avec lui.
— À tout à l'heure.

Line reprend confiance. Elle serre la main de son fils, l'embrasse et lui chuchote :

Mon père m'a blessé... Mon beau-père m'a tué...

— Je reviens demain mon chéri. Je prendrais ton ordi pour lire la suite de ton texte. Je t'aime, à demain.

Line reprend le chemin de son travail. L'après-midi passe plus vite que la matinée, sans doute parce qu'elle n'a pas le même état d'esprit. Line est moins anxieuse, elle souffle un peu. Le retour chez elle est plus difficile. Elle n'a pas envie de rentrer, de voir Benoît. Depuis l'accident de son fils, elle se détache de lui. Son sixième sens lui dit qu'il n'est pas innocent dans ce drame. Elle doit en avoir le cœur net. Pour ce faire, Line poursuit ses investigations dans l'ordinateur de Gabin. Comme d'habitude, quand elle entre dans la maison, Benoît est là. Allongé sur le divan, il zappe. Quand la porte se referme, il se redresse.

— Ah, c'est toi chérie ! Comment s'est passée ta journée ? Pas trop fatiguée ?
— Si crevée !
— Viens t'asseoir, je vais m'occuper du repas.
— Non, merci, je n'ai pas très faim.
— Qu'est-ce qu'il y a ? Tu fais la gueule ?
— Non, non. Et toi, qu'as-tu fais de ta journée ?
— Rien de spécial. Je suis allé à l'agence pour l'emploi, voir les nouvelles offres d'emploi, mais rien. Que dalle !
— Tu ne penses pas qu'il serait bien de trouver un petit boulot en restauration rapide, plutôt que de te bloquer sur les emplois de chauffeur ? Ce serait mieux que rien, non ?

Mon père m'a blessé... Mon beau-père m'a tué...

— Tu plaisantes ! Moi servir des gens !
— Laisse tomber !

Sur ce, Line, exaspérée par les propos de Benoît, préfère s'éloigner. Ce qui l'insupporte plus que tout, c'est l'indifférence totale de Benoît vis-à-vis de son fils. Elle se prépare un sandwich qu'elle grignote, seule, dans la cuisine.
Son portable vibre. Un nouveau message. Elle l'ouvre. C'est le commissaire Desjardins qui lui demande des nouvelles de Gabin. Line lui répond qu'il est toujours dans le coma, et le remercie de s'inquiéter pour lui. Enfin, quelqu'un qui partage son angoisse. Orpheline de mère et de père, Line n'a aucun proche à qui se confier. Emma est la seule sur laquelle elle peut compter.
Demain mardi, Line est en repos. Comme elle l'a prévu, elle prend le pc de Gabin et le range soigneusement dans l'entrée pour ne pas l'oublier. Benoît l'interpelle.

— Dis, tu fais quoi ? Tu ne veux pas venir regarder le film avec moi ?
— Non, je vais aller bouquiner dans mon lit.
— Sympa ! Tu veux que je vienne avec toi ?
— Regarde ton film, ça ne me gêne pas. On se verra tout à l'heure. Ok ?
— Comme tu veux. Tu ne bosses pas demain, nous pourrions faire un truc tous les deux, ça nous ferait du bien.
— Oui, sans aucun doute. Mais demain, j'ai prévu

Mon père m'a blessé... Mon beau-père m'a tué...

autre chose.
— Ah ! Et tu as prévu quoi ? Un dîner en amoureux ? Une promenade à la campagne ?
— Rien de tout ça ! Je reste auprès de mon fils, à l'hôpital.
— Super programme ! Et moi dans tout ça, je suis où ?

Line ne répond pas, vexée par l'égoïsme de Benoît. Au lieu de lui proposer de venir avec elle, ce qui lui aurait fait grandement plaisir, il s'inquiète juste de savoir ce qu'elle va faire avec lui.
Dégoûtée, elle sent la moutarde lui monter au nez. Inébranlable, elle monte dans sa chambre. Cet homme la répugne de jour en jour, elle qui croyait le connaître, l'aimer, elle est bien déçue.
Ses fameuses œillères tombent progressivement.
Une seule envie, être seule. Elle a d'ailleurs bien l'intention de dormir, ou faire semblant, quand il montera la rejoindre. C'est ce qui arriva. Quand elle entendit Benoît dans les escaliers, vite elle éteignit sa lampe de chevet, s'enroula dans le drap pour être sûre de ne pas sentir sa peau et ferma les yeux.

Le lendemain matin, de bonne humeur à l'idée de passer la journée avec son fils, Line se hâte de se préparer. Elle s'apprête à partir lorsque Benoît, du fond de son lit, lui demande :

— Tu rentres déjeuner avec moi ma chérie ?

Mon père m'a blessé... Mon beau-père m'a tué...

Line fait la sourde oreille. Elle prend l'ordinateur sous son bras et file précipitamment dehors. Arrivée à l'hôpital, elle signale à l'infirmière sa présence afin de ne pas être trop dérangée. Gabin ne montre aucun signe de changement. Il est dans la même position que la veille, son visage est sans expression. Line s'installe le plus près possible de lui.
Elle fait rouler la desserte devant elle, pose le pc. Puis, elle s'adresse à son fils.

— Bonjour mon chéri, c'est maman. Je reste à tes côtés aujourd'hui. Je vais lire, et ensuite on discutera tous les deux.

Elle l'embrasse sur la joue tout en passant sa main dans ses cheveux. Quasiment convaincue que ses paroles hier ont eu un effet positif sur Gabin, elle désire en apprendre plus sur le secret de son fils, avant d'en parler avec lui. Elle ouvre l'ordinateur, clique sur le fichier concerné et inspire un grand coup, comme un sportif avant l'effort ! Line fait défiler les lignes jusqu'à la phrase où elle avait cessé de lire. Elle en était au moment où Gabin disait haïr son père.
Elle reprend le fil de l'histoire.

L'histoire d'amour de maman et papa ne dura pas bien longtemps après Je ne sais pas si mon père lui avoua, ou non son infidélité, tout ce que je sais, c'est qu'un soir, j'étais au lit, et je les entendis se quereller. Maman criait, pleurait. Papa criait lui

Mon père m'a blessé... Mon beau-père m'a tué...

aussi, mais ne pleurait pas. Du fond de mon lit, j'essayais de me boucher les oreilles, mais cela ne marchait pas, ils parlaient trop fort ! Je finis quand même par m'endormir après tout ce ramdam.
Le matin qui suivit, maman changea. Son regard était triste. Elle n'avait pas l'air très en forme. Je lui fis son bisou du matin, et, à ma grande surprise, elle me sourit. Bon, ce n'était pas un sourire de gaieté, mais c'était mieux que rien. C'était un sourire d'amour. Ce sourire que les mamans offrent à leurs enfants quand elles leur racontent une histoire avant de s'endormir, ou quand elles les regardent jouer, ou bien encore quand ils soufflent leur bougie d'anniversaire.
Eh bien, son sourire ce matin-là, il me fit chaud au cœur. Quant à mon père, je crois qu'il était déjà parti travailler, ce matin-là. Je me rappelle avoir été content de me retrouver qu'avec maman, même si elle ne parlait pas beaucoup. Maman resta consternée pendant plusieurs semaines. Comme si elle avait perdu sa joie de vivre. Heureusement, avec moi, elle était presque normale. Mon père, durant ces semaines, rentrait peu à la maison. Il ne dormait pas non plus tous les soirs chez nous. Je suppose, avec du recul, qu'il nous évitait.
Je le détestais plus que tout au monde. À cause de lui, maman supportait tout, toute seule, le travail, les courses, les factures (parce que je me souviens l'avoir vu sangloter en ouvrant le courrier que le facteur venait de déposer), le ménage et moi.
Et puis, un jour, tout bascula. À mon retour d'école,

Mon père m'a blessé... Mon beau-père m'a tué...

je découvris une maison, ma maison, vide ! Je me vois encore courir vers ma chambre, pousser la porte brutalement, et m'effondrer en larmes. Plus *de lit.* Plus *de jouets.* Plus *rien.* J'étais *bouleversé.* Je *faisais le tour de chaque pièce.* Vide. *Cette maison dans laquelle j'étais né, dans laquelle j'avais grandi, n'était plus qu'un espace inconnu et froid, sans repères. Du haut des marches du sous-sol, j'aperçus maman qui continuait inlassablement à entreposer des cartons.*

— Maman !
— Oui Gabin. Je suis là.

Je descendais, le cœur serré. Maman avait les yeux gonflés et la figure toute rouge. Je constatais qu'elle avait pleuré, elle aussi. Elle se leva, me tendit les bras me serrant très fort contre elle.

— Dis maman, pourquoi la maison est-elle vide ? C'est quoi tous ces cartons ?
— Je vais t'expliquer. Papa et moi, nous ne nous aimons plus comme avant, alors nous avons décidé de nous séparer. Tu comprends ?
— Oui maman. Mais pourquoi nous ne restons pas ici, à la maison ?
— Parce que je ne pourrais pas payer toutes les factures avec mon seul travail. J'ai trouvé un appartement pas loin de ton école. Il va te plaire, j'en suis sûre. Et puis, tu pourras voir ton papa quand tu le souhaites.
— Tu sais maman, le principal c'est que je sois

Mon père m'a blessé… Mon beau-père m'a tué…

près de toi. Une maison ou un appartement, je m'en fiche. Je peux t'aider ?
— Bien sûr mon chéri.

Maman fut soulagée par ma réaction. Je crois qu'elle redoutait que je prenne mal la situation.
Ce fut donc ensemble, soudés l'un à l'autre, que soigneusement nous calions les objets dans les cartons, et ce fut en rigolant que maman et moi, nous dessinions au marqueur pour décrire le contenu de chaque paquet. Ce moment qui aurait dû nous déchirer le cœur, fut en fait un instant de rires et de complicité entre nous. Je garde un bon souvenir de la mise en carton, c'était marrant.
Le camion de déménagement arriva en fin d'après-midi. Toujours avec mon aide, maman indiqua au grand monsieur avec une salopette bleu marine, les cartons qui étaient à manipuler précieusement. Elle avait raison maman de lui préciser, parce que j'avais ma petite statuette d'ange que j'avais eu en cadeau par maman à ma naissance, et j'y tenais énormément. Le camion chargé à ras bord, je demandais à maman la permission de grimper dans la cabine avec le grand monsieur. Elle hésita trente secondes.

— C'est entendu, mais tu es sage, tu n'embêtes pas le chauffeur. Promis ?
— Promis maman !

C'était chouette cette balade dans ce gros camion. Je voyais les gens dans la rue sous un autre angle

Mon père m'a blessé... Mon beau-père m'a tué...

car j'étais bien plus haut qu'eux. Maman patientait devant un immeuble à quelques pas de mon école. Je descendis du camion en lui sautant dans les bras.

*— Dis maman, c'est ici notre nouveau chez nous ?
— Oui, suis-moi, je vais te faire visiter.*

*Il y avait un code à faire pour pouvoir rentrer.
Maman m'expliqua que c'était facile à retenir puisque c'était mon année de naissance, 1996. Nous montions dans un ascenseur, jusqu'au deuxième étage.
Dans le couloir, il y avait en tout six portes, peintes chacune d'une couleur différente. Une bleue, une grise, une verte, une orange, une rose et une rouge. Ce n'était pas très joli ce mélange, mais c'était gai. Notre porte à nous, c'était la verte. J'étais content, c'était celle que je préférais.
Un tour de clef, et là, je courus de pièce en pièce, à la découverte de mon nouveau chez moi.*

— Calme-toi Gabin, s'il te plaît. Viens par ici que je te montre quelque chose.

Maman me désigna deux chambres, et me proposa de choisir la mienne. L'une était à l'étage, l'autre au rez-de-chaussée. Celle du haut me plaisait parce que de la fenêtre, je pouvais voir la cour de l'école, mais j'optais finalement pour celle du bas, parce qu'il y avait une fenêtre pas comme les autres. Une fenêtre comme dans les bateaux, ronde.

Mon père m'a blessé… Mon beau-père m'a tué…

Un hublot quoi !

— Il est super-chouette cet appartement ! Nous allons être bien tous les deux ici.
— Je suis heureuse qu'il te plaise mon chéri. Allez, redescendons voir où en est le déménageur.

Le grand monsieur en bleu avait les bras pleins de cartons. Je lui ouvrais le chemin, et l'aidais à porter un paquet. Une fois le camion vide, maman et moi, nous nous regardions d'un drôle d'œil. Il fallait à présent, déballer et ranger le contenu de ces cartons. J'étais fatigué, maman aussi. Elle eut une bonne idée.

— Tu sais quoi ? Je vais juste préparer nos lits, mettre en route la télévision, et commander des pizzas. Ça marche ?
— Ouais, cool ! Ça marche maman !

Je me souviens que nous avons tranquillement profité de notre première soirée, sans mon père, en tête à tête, savourant nos pizzas devant un film comique. Je ne me rappelle pas le titre du film, il y avait des hommes à la montagne, des skis...mais c'était drôle !
Ce soir-là, je dormis comme un bébé. Je me sentais bien, rassuré. Je ne craignais plus ce père fourbe qui m'avait blessé. Une nouvelle vie commençait.
J'avais neuf ans. Cela faisait environ un an que maman et moi vivions sans mon père. Je le voyais

Mon père m'a blessé... Mon beau-père m'a tué...

un week-end sur deux. J'avoue que j'y allais pour faire plaisir à ma mère, persuadée que c'était essentiel de préserver une relation père-fils. Pour moi, c'était un vrai supplice. Me forcer à lui sourire, lui raconter mes activités scolaires, et le pire, sentir sa peau quand je lui faisais un bisou. J'avais une aversion envers lui des plus amères.
Il vivait seul, du moins, c'est ce que je croyais car aucune affaire de femme ne traînait chez lui. Mais cela ne changeait en rien mon opinion sur lui.
Quand j'arrivais chez lui le vendredi après l'école, il m'accueillait toujours avec un cadeau. Des confiseries, un nouveau jeu de société, ce n'était jamais la même chose. J'acceptais ses présents en le remerciant par obligation, mais je n'étais pas dupe ! C'était en quelque sorte pour se racheter qu'il agissait ainsi. Mon père culpabilisait.
Pour me venger de ce qu'il avait fait à maman, j'abusais de son soi-disant « bon cœur » afin de lui soutirer tout ce que je pouvais. Chose que je m'interdisais avec ma mère, mais lui, il le méritait ! C'est de cette façon que j'obtins à peu près tout ce qu'un enfant de mon âge réclamait.
Il m'emmenait visiter des parcs zoologiques, sortie qu'il avait horreur de faire parce qu'il trouvait ça nul de voir des animaux enfermés. Je lui faisais faire des pieds et des mains pour me dégoter une figurine collector de Pokémon, qu'il finissait par m'acheter chez un particulier à cent cinquante kilomètres de chez lui ! Pour faire des économies à ma mère, je l'entraînais dans les boutiques pour refaire ma garde-robe.

Mon père m'a blessé... Mon beau-père m'a tué...

Bref, tout ce qu'il m'était possible d'obtenir, je fonçais ! Cela dura plusieurs mois comme ça. Et puis, un jour, j'en eus marre. Ce n'était plus attrayant. Je préférais passer du temps avec ma mère. Mon père ne m'apportait rien. Toute l'attention, toute l'affection dont j'avais besoin, maman me la donnait.
Un soir, j'étais avec maman, je lui demandais si je pouvais espacer mes visites chez mon père.

— Maman, est-ce que je suis obligé d'aller chez papa le week-end prochain ?
— Pourquoi ? Il y a un problème ?
— Ben, disons que j'aimerais rester avec toi. Je m'ennuie chez lui.
— C'est nouveau ça ! Tu ne t'es jamais plaint auparavant. Que me caches-tu ?
— Rien maman, juste que je ne veux plus le voir beaucoup. Sinon, tu es d'accord pour que j'y aille un week-end par mois ?
— Je dois en discuter avec ton père. Je pense qu'il va être tout aussi surpris que moi par ta démarche. Ne crois-tu pas ?
— Je ne sais pas.
— Mais ce n'est pas une obligation, si tu as envie de rester à la maison, je ne te forcerais pas à aller chez ton père.
— Merci maman, je suis trop content.

J'avais presque gagné la bataille contre mon père, mais ce fut difficile. Ma mère le contacta, l'informant que je n'irai pas la semaine suivante.

Mon père m'a blessé... Mon beau-père m'a tué...

Elle m'expliqua qu'il ne s'y était pas opposé, que j'étais libre de choisir
Quel soulagement ce fut pour moi. Ainsi, d'une fois par mois, je passais naturellement à une visite chez lui, une fois tous les deux mois. Cela me suffisait amplement. Faire semblant avec lui devenait très pénible.
Lui, toujours hanté par sa culpabilité, mettait tout en œuvre pour me satisfaire.
Moi, toujours possédé par sa trahison, je me comportais comme un enfant gâté et capricieux, pour l'embêter. Notre guerre était loin d'être finie.
Auprès de maman, la vie était autrement. Je l'aidais du mieux que je pouvais. Quand elle rentrait, épuisée, je lui mettais la table, l'aidais à débarrasser, et souvent, je lui proposais de se reposer sur le canapé, et c'est moi qui faisais la vaisselle.
J'étais fier de pouvoir lui venir en aide. À l'inverse, chez mon père, je me vautrais sur le canapé, pendant que lui s'activait aux fourneaux. Maman ne sortait plus beaucoup. Elle faisait boulot-dodo. J'avais l'impression qu'elle s'ennuyait. Autrefois, avec mon père, quand ils étaient encore amoureux, ils allaient souvent voir un film au cinéma ou dîner au restaurant.
Là, elle n'avait plus aucune distraction. Pour lui faire plaisir, je me souviens qu'un jour, j'écrivais un petit mot que j'avais pris soin de scotcher au miroir de la salle de bain. Sur ce papier, était inscrit :
« Maman, je suis grand maintenant. Je peux me

Mon père m'a blessé… Mon beau-père m'a tué…

garder tout seul le soir. Alors si tu veux aller au cinéma, tu peux. Bisou, je t'aime. Gabin. ».
Après s'être assurée une dizaine de fois que j'étais capable de rester seul à la maison, elle décida enfin de bouger un peu.
C'est ainsi, qu'elle commença à s'épanouir, devenant une autre femme. Je ne la voyais plus du même œil. C'était toujours ma mère, elle tenait son rôle à merveille, mais elle s'était créé un cercle d'amis rapidement, et elle passait beaucoup de temps avec eux. Sur ce coup-là, j'étais entièrement responsable. C'est moi qui l'avais poussée à sortir.
Donc, les soirs où elle était absente, je pris l'habitude d'écrire. J'adorais ça. J'écrivais tout ce qui me venait à l'esprit. Je pouvais écrire des lignes et des lignes, rien qu'en décrivant le ciel. Cela n'avait pas vraiment de sens, sauf à mes yeux. Je me libérais en écrivant.
J'ai retrouvé ces textes dans un cahier rouge, il y a quatre ans. Ce fut cette découverte qui me donna envie de raconter mon histoire. Certes, à mon âge, je n'étais pas Emile Zola, mais peu importe, je trouvais mon échappatoire. D'un côté, j'usais mon crayon, de l'autre, maman était heureuse. Que demander de plus ?
Arriva ce qui devait arriver, maman rencontra un homme. Il s'appelait Marc. Je crois, si mes souvenirs sont exacts, qu'il était un peu plus âgé que ma mère.
Il n'avait pas d'enfant, vivait seul. J'eus du mal à accepter qu'elle soit tombée amoureuse. Sans doute une pointe de jalousie envers lui car il me

Mon père m'a blessé... Mon beau-père m'a tué...

subtilisait ce qu'il y avait de plus cher à mes yeux. Elle allait dîner avec lui, chez lui, deux à trois fois par semaine. Je ne l'accompagnais pas, malgré son insistance.
Je n'étais pas prêt. Je pansais, jour après jour, la plaie que mon père m'avait affligée. Je n'étais pas guéri. Mais, cette période fut douloureuse car ma mère me manquait. Une partie de moi se réjouissait de son bonheur, tandis que l'autre partie se lamentait de cette solitude.
Un choix s'imposa : partager ce bonheur ou rester en retrait ? Il me fallut quelques mois avant de faire un premier pas. Maman semblait si heureuse après chacune de ses échappées chez Marc, pourquoi ne le serais-je pas aussi ?
Quand elle parlait de lui, je voyais dans ses yeux cette petite étincelle, comme celle qui animait son regard avec mon père. Un jour, pour la énième fois, elle me demanda :

— Gabin, tu pourrais faire un effort et venir avec moi. Je te présenterais à Marc. Il est très gentil, et je suis sûre que vous vous entendrez bien.
— J'ai réfléchi maman. Je veux bien t'accompagner et faire sa connaissance.

Le visage de ma mère s'éclaira à l'annonce de ma réponse. Elle était ravie de ma décision. Moi, un peu moins. Si j'y allais, c'était avant tout pour être avec elle. Nous prenions la route jusque chez lui. Il habitait à la campagne, dans une vieille maison, aux abords d'une forêt.

Mon père m'a blessé... Mon beau-père m'a tué...

C'était beau. J'aimais bien cet endroit. Les champs, les arbres à perte de vue et les animaux dans les herbages, me plaisaient beaucoup. J'étais attiré par cet espace. Nous descendîmes de voiture. Maman ne frappa pas à la porte, elle entra directement, comme si elle était chez elle. Cette attitude me choqua. Je la suivis à l'intérieur de la maison.
Cela sentait bizarre, mais une odeur plutôt agréable. En pénétrant dans le salon, toujours derrière le dos de ma mère, je pouvais voir une cheminée dans laquelle des bûches se consumaient, et laissaient émaner cette odeur de brûlé. Maman m'invita à ôter mon manteau. Le prenant, elle le déposa sur une chaise.

— Attends-moi ici, je vais voir où est Marc.

Elle s'absenta quelques minutes.
Lorsqu'elle réapparut, Marc lui emboîtait le pas. Je ne sais pas quelle tête je faisais, mais d'après lui, je n'étais pas à l'aise.

— Bonjour jeune homme ! Eh bien, tu en fais une drôle de tête ! Quelque chose ne va pas ?
— Euh, non. Bonjour monsieur.
— Allez, appelle-moi Marc, ce sera plus simple que monsieur. Alors c'est donc toi, Gabin, le petit garçon dont ta mère n'arrête pas de me parler. Tu es exactement comme je le pensais.
— C'est-à-dire ?
— Discret. Line, veux-tu bien nous apporter le café

Mon père m'a blessé... Mon beau-père m'a tué...

ma chérie ? Un chocolat chaud, ça te dirait ?
— Oui, merci monsieur.
— Marc. Mon prénom est Marc. Pas monsieur. Line ! Un chocolat chaud pour ton fils s'il te plaît.

Ma mère était à la cuisine, préparant le goûter. Je crois qu'elle faisait exprès de prendre son temps pour que Marc et moi discutions. Cela me déplaisait fortement. Il me mettait mal à l'aise.
Il avait ce côté, c'est moi le maître de la situation, qui me déstabilisait. Je n'avais pas d'autre choix que de lui faire face, et répondre à ses questions.

— Sinon, l'école ça se passe bien ?
— Oh oui monsieur, très bien.
— Marc ! Combien de fois vais-je devoir te le répéter ?!
— Pardon monsieur. Euh, je veux dire, pardon Marc.
— Mon Dieu ! Je ne suis pas sorti de l'auberge avec un gamin comme toi. Dis-moi, cela te fait plaisir de me rencontrer ?
— Oui, oui. Maman m'a souvent parlé de vous, alors, je me suis dit que ce serait bien de se voir enfin.
— Et donc, ton impression vis-à-vis de moi ?
— Ben, je ne sais pas trop. Je ne vous connais pas encore assez.
— Oui, c'est sûr. Mais là, maintenant, ça te fait quoi d'être en face de moi ?
— Ben, rien.
— Tu n'es pas très bavard bonhomme. Je

Mon père m'a blessé... Mon beau-père m'a tué...

t'impressionne, c'est ça ?
— Non, pas du tout. Je vous trouve juste un peu...
— Un peu quoi ?
— Non, laissez tomber. Je n'ai rien dit.
— Vas-y, je t'en prie. Va jusqu'au bout de ta pensée petit.
— Ce ne serait pas très futé de ma part. Oubliez ça. Tiens voilà maman !

Elle arriva, un plateau à la main, toute souriante.

— Alors les hommes, avez-vous fait connaissance ?

Marc rétorqua :

— Si on veut. Il n'est pas très causant ton Gabin !
— Oh, il doit être intimidé. N'est-ce pas mon chéri ?

Je ne relevais pas l'interrogation de ma mère. Je touillais d'un geste circulaire, régulier, mon chocolat. Maman et Marc, collés l'un à l'autre, sirotaient leur café.
Un silence pesant régnait dans la pièce.
Seul le tintement des cuillères contre les tasses, perçait ce silence. Je m'ennuyais. Ma mère paraissait à son tour embarrassée.

— Bon ! Nous n'allons pas rester les bras croisés tout le week-end. Gabin, cela te plairait d'aller faire une balade en forêt ?
— Oh oui maman ! Chouette !

Mon père m'a blessé… Mon beau-père m'a tué…

Marc semblait perplexe. Maman lui proposa de se joindre à nous.

— Avec joie ma chérie. Un grand bol d'air nous fera le plus grand bien !

En disant cela, il me jeta un regard étrange. Cet homme ne m'inspirait pas confiance. Un petit je ne sais quoi me disait de rester sur mes gardes. Main dans la main, ils marchaient devant moi. Je me réjouissais de ce spectacle qui s'offrait à moi. Je faisais référence à la nature, pas à maman et Marc. Je ralentissais volontairement le pas. Ayant pris plusieurs longueurs d'avance, ils ne firent même pas attention à moi. J'étais seul.
Je sortais du sentier pour découvrir la forêt. C'était plus marrant, plus sauvage aussi. La nuit tomba, j'étais perdu. Maman et Marc avaient disparu. Je me réfugiais au pied d'un immense sapin. Il faisait froid.
Le ululement des chouettes me donnait la chair de poule. J'avais peur. Je suppliais le ciel que maman vienne me chercher. Quel idiot avais-je été ! Si je les avais suivis, je ne me serais pas perdu.
C'est alors qu'une voix que je connaissais, résonna au loin.

— Gabin ! Gabin !

Maman ! C'était elle !

— Je suis là maman ! Je suis là !

Mon père m'a blessé... Mon beau-père m'a tué...

Les cris se rapprochaient. Les branches craquaient sous les pas de ma mère. Quand elle arriva à ma hauteur, j'explosai de joie. Une joie qui se transforma en pleurs.

— Gabin, mon chéri, qu'est-ce qui t'a pris ? Cela fait des heures que je te cherche. Marc attend à la maison, au cas où tu serais revenu entre-temps. Regarde-toi, tu es frigorifié.

Maman me recouvrit d'un châle, me donnant la main.

— Allez ! Rentrons vite au chaud.

L'accueil de Marc fut moins chaleureux. Il était en colère.

— Bravo ! Pour une première rencontre, tu as fait fort mon garçon ! Ta mère et moi, nous nous sommes fait un sang d'encre à ton sujet. Nous devions passer une soirée sympa, et à cause de toi, nous avons perdu notre temps à te chercher ! Tu l'as fait exprès ou quoi !

Maman ne supportant pas le ton employé par Marc, elle lui répondit :

— Marc, tu ne crois pas que ta réaction est démesurée, voire déplacée ? Le principal, c'est que Gabin soit là, non ? Viens mon chéri, je vais te

Mon père m'a blessé... Mon beau-père m'a tué...

préparer quelque chose de chaud, tu dois mourir de faim.

Maman me concocta avec amour, une bonne soupe de légumes avec des petits croûtons.
J'avalais mon bol, reclus dans un coin de la salle à manger pour ne pas prendre de réflexions désobligeantes de Marc. J'ai encore un très mauvais souvenir de cette première rencontre.
Et ceci n'était rien comparé à ce que la vie me réservait...
Maman était accro à cet homme. Je ne pouvais pas lui en vouloir, je respectais son choix. Après cette péripétie dans la forêt, maman m'interdit formellement d'y remettre les pieds. Déçu, je me pliais à son ordre. J'allais donc devoir tuer le temps dans cette maison aussi froide et austère que son hôte. Marc m'avait pris en grippe.
Il n'avait pas apprécié que je leur pourrisse leur week-end. Et à compter de ce jour, il n'eut plus du tout l'attitude avenante qu'il avait montré la première fois. Il fit en sorte que je ne vienne plus chez lui.
Maman, comme à son habitude, était dans son petit monde. Avec mon père, elle n'y avait vu que du feu, avec Marc c'était pareil. Un calvaire commença pour moi. Marc invitait maman au restaurant et m'évinçait gentiment, voire intelligemment, car il me faisait livrer des pizzas et me louait un film pour ma soirée.
Il donnait parfois rendez-vous à ma mère en ville, pour que je n'eusse pas à venir chez lui. Pire

Mon père m'a blessé... Mon beau-père m'a tué...

encore !
Il débarquait à l'improviste chez nous, et me volait ma mère. Parfois une heure, parfois je ne savais pas combien de temps, puisque je dormais quand elle rentrait. À chacune de ses visites « surprises », maman me disait d'un air inquiet :

— Gabin, tu es sûr que ça va aller si je sors avec Marc ? Cela ne te dérange pas ?

Et à chaque fois, je lui répondais avec indifférence :

— Mais non maman, vas-y sort. Ne t'en fais pas pour moi, j'ai l'habitude.

Et à chaque fois, elle se hâtait d'enfiler son manteau, me déposait un bisou sur la joue, et filait comme une gosse pressée d'aller jouer. J'avoue, au début, cela me faisait réellement plaisir que maman sorte, voit des amies, se change les idées.
Mais son coup de foudre pour ce Marc, ça ne me plaisait pas, mais alors pas du tout ! Comment voulait-elle que j'accepte cet homme qui m'ignorait complètement ?
Qui ne ratait pas une occasion pour me tenir des propos désagréables ? J'aurais bien aimé lui faire plaisir à ma mère, mais pas comme ça ! Le petit jeu de Marc dura quelques mois. Puis, pour je ne sais quelle raison, il espaça ses visites. Cette trêve fut l'occasion, pour maman et moi, de nous retrouver, comme avant.
Elle était moins gaie, un peu absente. Aussi, pour

Mon père m'a blessé... Mon beau-père m'a tué...

savoir si elle fréquentait toujours Marc, je prêchais le faux pour savoir le vrai.

— *Maman, tu as l'air fatigué en ce moment. Ce serait bien si nous allions tous les deux au bord de la mer ce week-end, cela nous ferait du bien. Nous marcherons sur le sable, jetterons des galets pour tenter des ricochets. Dis, tu veux bien ?*
— *C'est une bonne idée mon ange. J'ai besoin de changer d'air, de prendre du recul. Alors, je dis oui !*
— *Super ! Je pourrais emmener mon cerf-volant, tu sais celui que tu m'as offert l'an dernier ?*
— *Bien entendu mon chéri. Allez, il est tard. Demain école et boulot.*
— *Bonne nuit maman. Je t'aime.*
— *Moi aussi je t'aime. Fais de beaux rêves mon chéri.*

Elle referma lentement la porte de ma chambre Grâce à cette discussion, j'en concluais que Marc était sorti de sa vie, de notre vie. Soulagé, je m'endormis rapidement. La semaine passa à la vitesse de l'éclair. Le samedi, comme nous avions prévu, maman et moi, nous chargions la voiture d'un grand sac d'affaires pour le week-end, et une caisse contenant nos bottes, mon ballon et mon cerf-volant. J'étais hyper-excité. Cela faisait longtemps que nous n'étions pas partis ensemble au bord de la mer.
Au moment de grimper dans la voiture, le portable de maman sonna.

Mon père m'a blessé... Mon beau-père m'a tué...

— Allô ?
— Oui, c'est moi. Comment vas-tu ma chérie ? Tu me manques, tu sais.
— S'il te plaît, ce n'est pas le moment. Nous en avons déjà discuté à maintes reprises. Toi et moi, c'est fini. Nous ne pouvons rien construire de sérieux.
— Reviens ma chérie, je te prouverai que c'est possible.
— Et Gabin, tu en fais quoi ? Hein, dis-moi où est la place de mon fils dans notre histoire !
— Tu sais bien que tout est de sa faute ! C'est lui qui a tout manigancé dès notre première rencontre, pour nous séparer. Ton fils est un malin, il veut sa petite maman pour lui tout seul !
— Tu veux que je te dise. C'est toi qui as tout mis en œuvre pour m'éloigner de Gabin, c'est toi le coupable. Comment ai-je pu être si distraite ? Je t'aimais certes, mais mon fils compte plus que tout. Je ne conçois pas de refaire ma vie sans lui. Lorsque tu m'as connu, tu étais au courant que j'avais un enfant, je ne te l'ai pas caché !
— Line, laisse-moi une seconde chance.
— Je dois te quitter, Gabin m'attend. Au revoir Marc.

Maman rabattit sèchement le clapet de son téléphone. Elle semblait énervée. Je ne disais rien ayant plus ou moins compris que l'appel provenait de Marc. Elle prit place au volant, démarra.
Trente kilomètres sans un mot. C'était casse-pied.

Mon père m'a blessé… Mon beau-père m'a tué…

Surtout que nous étions d'une humeur des plus joyeuses auparavant. Ce Marc avait encore tout fichu par terre ! Je regardais maman concentrée sur la route. J'hésitais à rompre ce silence, mais je le fis quand même.

— Maman, c'était qui au téléphone ?
— Marc. Pourquoi ?
— Comme ça !
— Puisque tu en parles, je vais t'expliquer quelque chose. Marc et moi, nous sommes séparés.
— Ah bon ! Tu ne l'aimes plus ?
— Ce n'est pas ça mon chéri. Marc était charmant avec moi, mais il a oublié que tu étais là, que toi et moi, nous étions indissociables.
— Indisso quoi ?
— Que personne ne pouvait nous séparer, si tu préfères. Bref, je ne pouvais pas continuer une relation avec lui tel que cela se passait. Je souhaite ton bonheur plus que tout, et avec lui, c'était irréalisable. Il m'aime, certes, mais il ne t'accepte pas. Et je crois que toi aussi, tu ne l'apprécies pas beaucoup. Je me trompe ?
— Non. Il est gentil avec toi, mais pas avec moi. Il est jaloux de moi, je pense.
— Je le pense aussi.
— Ce n'est pas simple d'aimer quelqu'un. Ce qui me rend triste, c'est qu'à cause de moi, tu n'as plus d'amoureux.
— Mais non mon ange, tu n'y es pour rien. Si Marc n'a pas eu l'intelligence de composer avec nous deux, c'est lui le responsable, pas toi. Et tu sais, la

Mon père m'a blessé... Mon beau-père m'a tué...

vie nous réserve parfois des surprises, ce n'est pas facile tous les jours. Ce qui prime pour moi, c'est d'être près de toi et de partager les joies du quotidien. Ne t'inquiète pas, maman va bien et si tu veux bien, on change de sujet, d'accord ?
— *D'accord.*

L'ambiance se détendit après les aveux de ma mère. Je me rappelle avoir chanté avec elle tout le long du trajet. Ces deux jours ne furent pas assez longs. J'avais, enfin, retrouvé ma mère, celle qui me souriait et me faisait des câlins. La vie à deux reprenait comme avant, c'était bon.

— Madame ! Madame !

Line regarde par-dessus son écran. Une jeune infirmière s'impatiente.

— Oui, je peux vous aider ?
— Oui. Nous devons prodiguer des soins à votre fils, et contrôler le matériel. Puis-je vous demander de sortir quelques instants ?
— Mais, je suis sa mère. Je ne vois pas en quoi je dérange ?
— Je le comprends, mais les consignes sont strictes. Personne durant les interventions des infirmiers.
— Bien. Je suis dans le couloir, au cas où.
— Merci madame.

Line sort, contrariée de ne pouvoir assister aux

Mon père m'a blessé... Mon beau-père m'a tué...

soins. Déjà midi. Elle descend s'acheter un sandwich à la cafétéria.

— Bonjour madame.
— Bonjour. Un sandwich poulet, crudités. Une eau gazeuse et une part de tarte au citron, s'il vous plaît.
— Sur place ou à emporter ?
— Sur place.

Line prend place au comptoir. Elle mange son encas. Réfléchit. La suite de sa lecture lui fait prendre conscience que Gabin a souffert non seulement avec son ex-mari, mais aussi avec Marc. Selon elle, c'en est trop. Il garde toute cette douleur depuis tout petit, au fond de lui. Line en déduit que cet enchaînement de discordes est la cause de cette tentative de suicide. Elle se remet en question.
Les confidences de Gabin lui prouvent qu'elle n'a jamais réagi à temps, qu'elle a fait la sourde oreille. Mais le faisait-elle consciemment ?
Non, elle n'a jamais souhaité le malheur de son fils. Elle était sur une autre planète, une forme de déni. Une partie d'elle souffre. Elle ne peut s'empêcher de se sentir coupable. C'est un lourd fardeau que d'avoir sur la conscience le suicide de son enfant. Mais que faire ? Elle est impuissante. Tout cela est du passé, elle ne peut rien changer. Benoît lui traverse l'esprit. Line doit achever l'histoire de Gabin. Elle doit avoir la preuve que Benoît est ou n'est pas responsable de ce drame. Elle en doute tellement, que l'envie se mêle à la peur. Elle se

Mon père m'a blessé... Mon beau-père m'a tué...

demande quelle sera sa réaction si elle apprend que Benoît ne vaut pas mieux que Marc et son ex.
Vingt minutes qu'ils sont dans la chambre, cela commence à lui sembler long. Elle allume son portable. Deux appels en absence, un message vocal. Line interroge sa messagerie.
« *Coucou ma chérie, appelle-moi quand tu peux.* »
Elle n'a aucune intention de le rappeler. Elle veut se vider la tête un maximum, ne pas s'embarrasser de broutilles, pour être lucide dans la suite de sa lecture. Prise d'un remords, elle compose le numéro de Benoît. Line suppose qu'il a une nouvelle importante à lui annoncer.

— Allô ? C'est moi, tu m'as laissé un message. Que veux-tu ?
— Rien, rien de spécial. J'avais juste envie d'entendre ta voix ma chérie.
— C'est gentil, mais à part ça, as-tu été voir pour du boulot ?
— Oui, oui. Et tu vas être fière de moi !
— Quoi ? Tu as un travail ?
— Je ne t'en dirai pas plus, c'est une surprise ! Rentre vite que je te raconte.
— Je ne serai pas à la maison avant vingt heures.
— Vingt heures ! Dis-moi, tu fais quoi à l'hosto ? Tu te tapes le docteur ou quoi !
— Tu es vraiment dégueulasse de dire ça ! Tu sais parfaitement que je suis près de Gabin qui, je te le rappelle, est dans le coma.
— C'est bien ce que je disais ! Tu ne vas pas me faire croire que depuis neuf heures ce matin, tu es

Mon père m'a blessé... Mon beau-père m'a tué...

assise sans rien faire dans une chambre d'hôpital.
— Eh bien si. Tu comptes me prendre la tête encore longtemps ?
— Non, je te laisse à tes occupations. Je vais fêter seul, comme il se doit, mon nouvel emploi !
— N'importe quoi ! Enfin, tu es adulte, fais ce que tu veux. À ce soir.
— C'est ça, à ce soir.

Line raccroche, abasourdie. Comme si elle avait besoin d'un homme immature, jaloux et possessif. Benoît réagit comme un gamin. Elle est agacée. Il a réussi à la troubler. Elle sent l'énervement monter en elle. Elle résiste. Une seule personne accapare ses pensées, Gabin. Elle frappe à la porte, et la pousse doucement. Personne. L'équipe soignante est partie. Gabin est toujours aussi endormi. Line reprend sa place dans le fauteuil, rallume l'ordi. Elle s'adresse à Gabin.

— J'ai appris beaucoup de choses mon fils. Je vais poursuivre ma lecture, mais avant, je voudrais te dire ô combien je suis désolée. J'aurais tant aimé que tu ne subisses pas tout ça. Je te promets qu'à ton réveil, on partira tous les deux, loin, très loin. Tu te souviens, tu me disais toujours que ton plus beau rêve serait de visiter la Laponie, le pays magique comme tu disais. Tu souhaitais voir les aurores boréales, approcher les rennes. J'aimerais beaucoup faire ce voyage avec toi. Je t'en prie sors de ton sommeil, et nous nous enfuirons tous les deux réaliser ton rêve.

Mon père m'a blessé... Mon beau-père m'a tué...

Line passe sa main sous le barreau du lit et serre fort la main de Gabin. De l'autre, elle clique sur le fichier, reprend où elle en était.

Maman et moi, nous tournions ensemble la page concernant Marc. Nous en avions pas mal parlé lors de notre week-end au bord de la mer, et nous pensions que la vie était si belle, que nous partagions des moments de bonheur, que cela ne valait pas la peine de s'attarder sur cette malencontreuse histoire.
Alors, notre petit train-train quotidien reprit. Je devais avoir dix ans, j'étais rentré en classe de CM1.
Cette année scolaire fut la plus mémorable de toutes.
Je découvrais l'amour. Elle s'appelait Rose. Ce n'était pas commun comme prénom, et elle le portait à merveille. Ces cheveux blonds, bouclés, caressaient son front. Son teint blanc et ses joues empourprées lui donnaient une apparence de poupée.
En classe, elle était assise, deux rangées devant mon pupitre. Je ne me lassais pas d'épier ses faits et gestes. Très vite, elle remarqua qu'elle ne me laissait pas indifférent, et j'eus le droit à de magnifiques sourires. Nous ne discutions pas, nous nous observions.
Ce fut mon camarade Paul, qui échafauda un plan pour nous rapprocher. La sonnerie de fin de classe retentissait. C'était l'heure de la cantine. Paul,

Mon père m'a blessé… Mon beau-père m'a tué…

mon copain de classe, comme à son habitude, s'assit à ma table. Rose patientait, un plateau à la main, dans la file. Elle me regardait. Je baissais la tête. Paul me taquinait :

— Gabin, tu fais quoi là ? Elle attend que tu fasses un pas vers elle, pas que tu te caches !
— Je suis timide, ce n'est pas facile.
— Bouges pas, je vais arranger ça.
— Non, non Paul. Arrête ! Reviens !

Trop tard. Paul était déjà en train de glisser quelques mots à Rose. Celle-ci me dévorait des yeux. Rose quitta la file d'attente et se dirigea vers moi. Mon cœur faisait des boums, boums, incessants. Mes joues me chauffaient, je devais être rouge pivoine.
La honte ! Je me levais pour l'accueillir à ma table.

— Bonjour. Tu peux t'installer avec moi. Paul a terminé.
— Oui, si tu veux.

Et là, comme deux acteurs d'un film muet, aucun son ne sortit de nos bouches, seuls nos regards se croisaient. Rose était aussi maladroite et timide que moi. Le dessert fini, elle me glissa :

— Nous partagerons le repas demain aussi, si tu es d'accord.
— C'est d'accord, je te garderais une place.
— Merci Gabin, c'est ça ?

Mon père m'a blessé… Mon beau-père m'a tué…

— *Oui, c'est ça. Et toi c'est Rose ?*
— *Oui.*
— *C'est très joli, Rose.*
— *Merci.*

Et Rose disparut du réfectoire. Je n'avais jamais passé un aussi bon moment à la cantine ! Le soir, à la maison, je ne tenais pas en place, je cherchais quels vêtements je porterais le lendemain pour plaire à Rose. Ma mère qui m'entendait sûrement depuis le salon, remuer mes affaires, entra dans ma chambre.

— *Je peux savoir ce que tu fais ?*
— *Ben, tu vois. Je fais du tri dans mes pulls, mes pantalons et tout et tout !*
— *Je vois. Je vois surtout que tu es en train de me mettre le bazar mon chéri. Je peux sans doute te venir en aide ? Pourquoi cette lubie, subitement ? D'ordinaire, porter tel ou tel habit ne te dérange pas.*
— *Eh bien maintenant si ! J'ai envie de bien m'habiller.*
— *Attends pour voir, petit coquin ! Tu me caches un truc. Ne serais-tu pas amoureux par hasard ?*
— *Maman, s'il te plaît, laisse-moi tranquille.*
— *Oui, oui. C'est ça ! J'ai trouvé ! Allez, dis-moi comment s'appelle-t-elle ?*
— *C'est bon, tu as gagné ! Je ne peux vraiment rien te cacher. Rose, elle s'appelle Rose.*
— *Joli prénom. Est-elle dans la même classe que toi ?*

Mon père m'a blessé... Mon beau-père m'a tué...

— *Oui. Ça suffit maman, arrête avec tes questions, tu n'es pas drôle !*
— *Oh, pardon. Je pensais que cela te ferait plaisir de te confier à moi. Ok, j'ai compris.*
— *Non, attends ! J'ai quelque chose à te demander. Comme Rose mange à la cantine tous les jours, est-ce que tu veux bien que moi aussi j'y mange tous les midis ?*
— *Mais bien sûr mon chéri. Allez, je te laisse dans tes préparatifs vestimentaires, et si tu as besoin d'un conseil, je suis dans le salon.*
— *Merci maman.*
— *De rien !*

Je me rappelle avoir étalé sur mon lit une dizaine de vêtements, pour ne retenir que la tenue qui me plaisait le plus, mon jean à trous, mes baskets montantes et mon pull marin. Je n'avais alors qu'une hâte, retourner à l'école.
Le lendemain matin, dans la cour de l'école, je discutais avec Paul, Greg et Mathieu. Paul me fit signe d'un hochement de tête, de regarder sur ma droite. Aujourd'hui encore, quand je ferme les yeux, je la revois. Rose se tenait au portillon de l'école, les cheveux relevés en chignon laissant échapper de fines mèches sur chaque côté de son doux visage.
Elle portait une robe mauve avec des ballerines blanches. Son apparition ce jour-là, je la compare à celle d'un ange
Quand elle s'approcha vers moi, j'étais là, bouche bée. Le tendre baiser qu'elle posa sur ma joue me

Mon père m'a blessé... Mon beau-père m'a tué...

fit chavirer le cœur.
Ce jour-là, je sus ce que le mot amour voulait dire. Cela me permit de comprendre plein de choses sur maman. Parce que moi, quand je ne voyais pas Rose, j'étais triste, alors je savais pourquoi maman était triste elle aussi parfois. Et puis, quand Rose me tenait par la main, je n'étais plus moi, j'avais le cœur joyeux, je me sentais pousser des ailes. Notre amourette dura toute l'année scolaire.
Et puis, les grandes vacances nous éloignèrent. Rose partit un mois en vacances chez ses grands-parents en Espagne. Nous entretenions notre amour par courrier. J'aimais lui écrire des poèmes. Elle était ma source d'inspiration. Le dernier qu'elle reçut, fut celui-ci :

Ma Rose,
Tes yeux d'argent,
Me font oublier mon tourment.
Ton visage étincelant,
Me porte au firmament,
J'aimerais ma Rose,
Que l'on soit en osmose.

Des poèmes comme cela, je lui en envoyais des dizaines. Mais, Rose correspondait de moins en moins.
Elle m'oubliait. Moi aussi, par la force des choses.
Cette histoire me marqua, je compris qu'il fallait vivre pleinement chaque jour, et ne pas se poser de questions sur le lendemain.
Je connus ce que les gens appellent « un chagrin

Mon père m'a blessé... Mon beau-père m'a tué...

d'amour ». J'étais trop jeune, je pense. Elle resta pour toujours, gravée dans mon cœur. J'aimais Rose, certes, mais j'avais d'autres occupations. Je faisais des parties de jeux en ligne avec mes copains, nous faisions des sorties à vélo, et à dire vrai, être seul face à mon petit cahier rouge, me convenait bien.
Depuis la séparation avec Marc, maman ne sortait plus, sauf pour aller boire le thé chez Emma.
Une fois de plus, elle agissait sans s'en rendre compte, comme après le divorce. La différence, c'est que je n'intervenais plus, je ne la forçais pas à se divertir. Non pas que je ne voulais pas, mais j'avais la trouille qu'elle m'abandonne pour un second Marc. Elle ne se plaignait pas, moi non plus.
Un soir pourtant, elle rentra du supermarché d'un air enjoué. Surpris, car faire les courses n'avait rien de très gai, je lui posais la question :

— Ça va maman ? Qu'est-ce qui te rend si joyeuse ?
— Oh, rien mon chéri, rien.
— Ben si, explique !
— Gabin, ça suffit ! J'ai tout de même le droit d'être d'humeur joyeuse.
— Alors, si acheter à manger ça te rend gaie, on va y aller plus souvent !
— Qu'insinues-tu ? Que j'ai un sale caractère ?
— Mais non maman. Je veux juste savoir pourquoi tu es comme ça, c'est tout.

Maman réagit plutôt mal à mon interrogatoire.

Mon père m'a blessé... Mon beau-père m'a tué...

Elle ne me parla pas beaucoup le reste de la soirée. Je trouvais ça étrange quand même. Elle me cachait quelque chose, ça clochait.
Mes doutes se confirmèrent deux semaines plus tard. Maman avait quelqu'un dans sa vie. Je le découvrais sans chercher. Un cendrier avec un paquet de cigarettes était posé sur le rebord de la fenêtre depuis plusieurs jours.
Sachant que maman ne fumait pas, cela ne pouvait être qu'un visiteur régulier vu le nombre de mégots écrasés. Maman niait, elle disait que c'était une amie qui fumait à la fenêtre quand elle venait boire un verre. Bien entendu, je n'y croyais pas. Je la laissais tranquille sans poser de questions.
La deuxième chose qui me mit la puce à l'oreille, ce fut un pack de bières rangé dans la cuisine. Si l'amie de maman fumait des gitanes, et en plus buvait de la bière, je me disais que cette dame devait être très étrange. J'attendais patiemment, avec l'espoir de rencontrer cette femme, par curiosité. Je ne la vis jamais. C'était prévisible.
En revanche, je fis la connaissance du mystérieux fumeur à la bière. Grand, les cheveux bruns descendant jusqu'aux épaules, un style camionneur, assez baraqué. Jean, baskets, rien d'exceptionnel. Il était affalé dans le canapé, une canette de bière à la main, comme s'il était chez lui. Mon entrée ne le dérangea pas. Il ne quitta pas des yeux l'écran de télévision. Je grimpais les marches espérant trouver ma mère.
Personne. Alors, que faisait ce type dans notre salon ? Je redescendais discrètement.

Mon père m'a blessé… Mon beau-père m'a tué…

Son imposante carrure m'impressionnait. Je me résignais à entamer la conversation et me réfugiais dans ma chambre en attendant le retour de ma mère. Il était bientôt dix-neuf heures, que faisait-elle ?
C'est alors que j'entendis la porte d'entrée se refermer, suivi d'un brouhaha de voix que je ne reconnaissais pas. Il me semblait percevoir des rires d'enfants.
Je n'attendais pas de copains, alors qui cela pouvait-il être ? Je sortis de ma chambre, curieux d'aller au-devant de ce petit monde bruyant.
Quelle effarante surprise s'offrait à mes yeux ! L'homme à la bière était toujours sur le canapé, mais avec une fillette sur les genoux et un garçon qui lui faisait des chatouilles sur la tête. Est-ce que j'étais bien chez moi ? Ne me serais-je pas trompé de porte ? J'eus l'impression d'halluciner. Quand tout à coup, une voix qui m'était familière, celle de ma mère, cria :

— Vous venez goûter les enfants !

Alors là, j'étais scotché ! Ma mère, s'adressait à ces deux intrépides gamins, je ne comprenais plus rien. Ils couraient à fond vers la cuisine. Je les suivais en catimini. Ils s'étaient installés autour de la table, avalant goulûment les tartines de confiture que ma mère avait disposée. Maman me tournait le dos, elle nettoyait l'évier.
Les deux visages barbouillés, les enfants me regardaient d'un air moqueur et s'amusaient à se

Mon père m'a blessé… Mon beau-père m'a tué…

faire des messes basses. Ils m'agaçaient.

— Bonjour maman !
Elle se retourna, à demi surprise par ma présence.

— Oh ! Bonjour mon chéri, ça fait longtemps que tu es rentré ?
— Oui, avant toi, mais après le monsieur qui est dans notre salon. Dis, tu peux me dire qui sont ces gens ?
— Bien sûr. Je te présente Camille et Tom, les enfants du monsieur, qui lui, s'appelle Benoit.
— C'est un ami à toi, Benoît ?
— Oui, un bon ami.
— Maman, c'est quoi un bon ami ? C'est ton petit ami, ton chéri ?

Camille et Tom nous dévisageaient, ne perdant pas une miette de notre conversation. Maman le remarqua.

— Gabin, on en parlera plus tard. Tu veux bien ?
— Ouais, c'est ça, plus tard.

Je me servais quelques tartines, un verre de lait et me joignais à eux. Camille rigolait avec son frère.

— Vous avez un problème ? Qu'y a-t-il de si marrant ?

La gamine riait de plus belle. Son frère hoquetant, répondit :

Mon père m'a blessé... Mon beau-père m'a tué...

— *Toi ! C'est toi qui nous fais rire. Tu fais une tête de cochon quand tu manges !*
— *Ah, ah ! Très drôle ! Vous avez vu vos têtes à vous ? Fichez le camp de ma cuisine et laissez-moi gouter en paix !*
Se levant rapidement, Tom renversa le pichet de lait sur la table. Camille hurla :

— *Papa, papa ! Le gros garçon, il fait que dire des méchantes choses sur moi, et en plus il a renversé tout le lait sur la table !*

Incroyable ! Cette petite fille qui n'avait rien à faire chez moi, se plaignait de moi comme si j'étais un monstre ! Je me taisais, les laissant dans leur délire. Pas pour très longtemps. Maman fit une vive irruption devant moi.

— *Gabin ! Je t'écoute. Que s'est-il passé avec Camille ?*
— *Rien. Rien du tout maman. C'est elle qui a commencé à me traiter de cochon. Et son frère a mis du lait partout, que j'ai nettoyé.*
— *Je ne veux pas de ce genre d'histoire Gabin, tu sais bien que je déteste que l'on se moque des autres.*
— *Mais maman...*
— *Ça suffit pour cette fois, mais je t'aurais prévenu.*

Elle ressortit aussi rapidement. Incompréhensible !

Mon père m'a blessé... Mon beau-père m'a tué...

Maman ne s'était jamais comportée ainsi. Me faire la morale, à moi, son fils, alors que c'étaient ces deux sales gosses qui me cherchaient !
À quel jeu jouait-elle ? Ce n'étaient que des invités, pas des membres de la famille. Je les retrouvais au salon, prenant soin de me mettre en retrait sur le fauteuil. Maman feuilletait un magazine. Benoît dessinait avec Camille.
Tom jouait à la console. Je m'approchais de lui.

— Dis, ça te dirait de faire une partie de combat sur ma console de jeux ?
— Ouais. Je veux bien.
— Viens avec moi.

Tom me suivit jusqu'à ma chambre. Je l'interrogeais :

— Tu as quel âge ?
— Neuf ans et demi, et toi ?
— Bientôt douze. Et ta sœur ?
— Elle a six ans.
— Ok. C'est la première fois que vous venez chez moi ?
— Non. Nous sommes déjà venus une fois ou deux avec papa. Mais toi tu étais à l'école, ou chez ton père, je crois.
— Sérieux ! Alors comme ça, ton père et ma mère, ils sont amoureux ?
— Ben oui ! Pourquoi ?
— Oh, non !
— Tu n'es pas content ? Tu sais, ils se connaissent

Mon père m'a blessé... Mon beau-père m'a tué...

depuis trois semaines.
— Trois semaines ! Comment tu sais ça toi ?
— Ben, c'est mon père qui me l'a dit.
— Tu en as de la chance. Ma mère, elle ne m'a rien dit ! Vous habitez où ?
— Dans un HLM, rue Gambier. Mais, nous habitons chez notre mère les trois quarts du temps. Notre père, nous le voyons un week-end sur deux, et la moitié des vacances scolaires. Et toi, ton père, tu le vois quand ?
— Mon père ? Je le vois presque plus, c'est assez compliqué. Et ta sœur, elle est toujours comme ça ?
— Comme ça quoi ?
— Je veux dire, insolente.
— Ouais, assez souvent. Comme c'est la plus petite, et en plus une fille, elle le fait exprès.
— Ça ne doit pas être facile pour toi. Tu dois te faire souvent disputer à cause d'elle.
— Non, ça va. Papa connaît le numéro. Mais ça ne l'empêche pas de la protéger, même quand il sait que c'est elle la responsable. C'est sa poupée chérie.
— Vous partez à quelle heure ?
— Je ne sais pas. Nous passons le week-end tous ensemble, parce que j'ai vu mon père préparer nos affaires dans un sac. Je crois bien qu'il a mis nos pyjamas.
— Je suis scié ! Je continue à en apprendre de minute en minute. Et vous allez dormir où ?
— Ben là !
— Bon, je t'allume la console. Commence, je reviens.

Mon père m'a blessé… Mon beau-père m'a tué…

J'étais sonné. Un sacré coup de massue. Ma mère était encore dans le salon. Je restais au pied de la porte, faisant semblant de tousser pour attirer son attention. Elle ne réagit pas. Je toussais plus fort en prenant soin de racler ma gorge. Ce coup-là, elle leva les yeux de son bouquin, et me regarda, étonnée.

— Gabin, ça va ? Tu es malade ?
— Euh, oui. Pourrais-tu me donner du sirop, j'ai mal à la gorge. Ça me gratouille !
— J'arrive.

Benoît me lança un regard voulant dire :
« Qu'est-ce qu'il fait là celui-là ! ».
Je suivis maman jusqu'à la salle de bain. Elle ouvrit l'armoire à pharmacie, en ressortant un flacon.

— Tiens. Prends deux cuillères à soupe avant de te coucher, ça devrait te calmer tes quintes de toux.
— Merci maman. Je peux te parler ?
— Oui, vas-y, je t'écoute Gabin. C'est à quel sujet ?
— Le monsieur, je veux dire Benoît, c'est ton petit ami ?
— Je ne vais pas te faire un dessin, je crois que c'est clair, non ?
— Oui, très clair. Je suis un peu contrarié, c'est tout.
— Contrarié de quoi Gabin ?
— Parce que tu m'as menti.

Mon père m'a blessé... Mon beau-père m'a tué...

— *Pardon ? Moi, te mentir ? Mais comment oses-tu Gabin ?*
— *Excuse-moi maman, je ne veux pas te faire de peine. Juste te dire que j'avais compris. Le cendrier sur la fenêtre, ce n'était pas à une amie comme tu me le prétendais, c'était lui.*
— *Oui, j'avoue que je t'ai caché certaines choses. Mais, il faut que tu sache que c'était pour ton bien, pour te préserver.*
— *Me préserver de quoi maman ! De ces deux petits monstres brailleurs ? D'un beau-père fumeur et alcoolique ? Je ne suis plus un bébé. J'ai le droit de savoir, tu comprends ?!*
— *Gabin ! Je t'interdis de tenir de tels propos, et de me parler sur ce ton. Camille et Tom sont gentils, bien élevés. Parfois ils sont plus énervés, mais c'est normal à leur âge. Tu n'es jamais excité toi ? Quant à Benoît, c'est un homme très agréable, compréhensif. Oui, il fume. Oui, il boit de la bière. Et alors ? Ce n'est pas pour autant un alcoolique.*
— *Tu aurais pu me prévenir qu'ils dormaient tous chez nous ce week-end. Pourquoi ne m'as-tu rien dit ?*
— *Je suis désolée Gabin, tout s'est enchaîné si vite. S'il te plaît, ne te braque pas contre eux, essaie d'y mettre du tien. Je ne te demande pas de jouer avec eux, de faire des bisous à Benoît, juste de communiquer.*
— *Je ne sais pas. Je verrai. Tom m'attend pour jouer, je vais le rejoindre.*

Maman passant son bras autour de mon cou, me

Mon père m'a blessé... Mon beau-père m'a tué...

confia :

— Je l'aime et je t'aime Gabin. Je ne veux perdre aucun de vous deux. Fais-moi confiance, nous allons être heureux tous ensemble.

J'avais les larmes aux yeux. Maman me trahissait. Mais je l'aimais tellement, que je lui pardonnais, par amour, parce que c'était ma mère. La trahison de mon père, elle, était impardonnable. Je ravalais ma rancœur. Tom avait commencé une partie. Je m'agenouillais à côté de lui.

— Ça va, tu t'en sors ?
— Ouais, pas mal. Je finis la manche, et nous jouons tous les deux.
— D'accord.

Tom et moi jouions ainsi jusqu'à l'heure du dîner. Ce premier repas en compagnie de Benoît était un brin tendu. Pour commencer, il posa ses fesses à ma place. Je me trouvais donc calé entre Tom et Camille. Bizarrement, Tom n'avait pas la même attitude à mon égard, en présence de son père et de sa sœur. Il ne me parlait quasiment pas. Camille, avait fini son repas sur les genoux de son père.
Ce dernier s'en occupait comme d'un bébé. Elle en profitait un maximum. Maman et Benoît discutaient boulot. De ce que je compris, Benoît ne travaillait pas. Puis, le moment de débarrasser la table, arriva. Habituellement, je le faisais tout seul,

Mon père m'a blessé... Mon beau-père m'a tué...

mais là il y avait deux paires de mains supplémentaires pour aider.
Je pris mon assiette, mes couverts et mon verre, que je rangeais dans le lave-vaisselle. Je m'apprêtais à quitter la salle à manger, quand une grosse voix me stoppa.

— *Eh gamin ! Tu vas où comme ça ?*
— *Qui ? Moi ?*
— *Oui, toi crétin ! Pas le Pape !*
— *Ben, je vais dans ma chambre.*
— *Qui t'a permis de sortir de table ? Personne, que je sache ! Il reste encore des choses à débarrasser !*

J'étais sidéré. Maman ne bronchait pas. Elle écoutait sans le contrer. Et Camille pataugeait avec l'eau du robinet. Personne ne la réprimandait. Tom quitta la table, laissant ses couverts et le reste. Personne ne le brima. J'avais une envie très forte de crier « Non, mais tu te prends pour qui pour me donner des ordres ! ».
Je me retins, cela aurait été mal perçu. Ma mère me soutenait du regard, attendant ma réaction.
Soit, je partais à toute vitesse m'enfermer dans ma chambre, soit je me soumettais à ses ordres. La première solution me séduisait, mais je ne voulais surtout pas que maman se fâche avec lui, à cause de moi. J'endossais donc le rôle de grand, de boniche, et je défis toute la vaisselle, et nettoyai la table.
Pendant tout ce temps, Benoît n'avait pas bougé de

Mon père m'a blessé… Mon beau-père m'a tué…

sa chaise. Il semblait prendre plaisir à me voir contraint de suivre son injonction. Je me sentais humilié par cet homme. J'avais un mauvais pressentiment. Cet homme allait me mettre des bâtons dans les roues.
Maman et lui retournaient au salon. Camille s'allongea sur son père. Tom squatta le fauteuil. Ce tableau me déplaisait. Ma mère était absente. À aucun instant, elle ne s'était inquiétée de savoir comment ma journée à l'école s'était passée, si j'avais beaucoup de devoirs, rien. Déçu de la situation, je choisis de me retirer dans ma chambre, sans dire bonsoir à maman. J'en avais gros sur la patate, mais j'étais bloqué à l'idée de devoir saluer Benoît et ses gamins. Le calme régnant ne dura pas longtemps. Des cris perçants venant du couloir, s'approchaient de ma porte. C'était la petiote !

— Non ! Non ! Je ne veux pas aller au dodo !

Ma mère ouvrit la porte, tenant Camille par la main.

— Gabin, veux-tu sortir le matelas qui est dessous ton lit ?
— Oui, mais pour faire quoi ?
— Pour coucher Camille. Tiens, mets-le là, le long de ton lit, comme ça elle n'aura pas peur.
— Quoi ! Tu ne vas pas la faire dormir ici ! Dans ma chambre !
— Ah bon ! Et en quel honneur ?

Mon père m'a blessé... Mon beau-père m'a tué...

— *Parce que c'est ma chambre, et que je ne veux pas d'elle ici.*
— *Gabin ! Tu vas faire ce que je te demande, un point c'est tout. C'est uniquement pour cette nuit. Nous aurons le temps de nous organiser la prochaine fois.*
— *La prochaine fois ! Parce qu'en plus ils vont dormir chez nous tous le temps ?*
— *Non, un week-end sur deux. Allez ! Dépêche-toi, elle est morte de fatigue.*

Camille le sourire en coin, fit sa mine de malheureuse en se frottant les yeux. Quelle comédienne ! Je la regardais d'un air sévère et la menaçais :

— *Toi ! Je te préviens, tu dors, ok ? Pas un mot, pas de pleurnicheries ! DODO ! Ok ?*
— *Ok.*

Elle s'emmitoufla dans le duvet. Maman se baissant, l'embrassa sur le front. Elle franchissait la porte, je l'interpellais.

— *Maman !*
— *Oui, que veux-tu ?*
— *Tu n'as rien oublié par hasard ?*

Une bonne minute de réflexion, et puis :

— *Oh ! Pardon mon chéri, j'ai la tête ailleurs. Bonne nuit, à demain.*

Mon père m'a blessé... Mon beau-père m'a tué...

— *Maman ! Tom, où va-t-il dormir ?*
— *Sur le canapé.*
— *D'accord. Bonne nuit maman.*

La porte se referma. Je me retournais, Camille n'était plus dans son lit. Mademoiselle jouait avec mes manettes de console. Je criais :

— *Stop ! Retourne te coucher tout de suite !*

Camille me fixait, me tirant la langue. Grimpant sur mon lit, elle sauta dessus comme sur un trampoline. C'en était trop. Je l'attrapais par le bras, la faisant descendre. Je n'eus pas le temps de lui dire un seul mot, qu'elle fuyait en courant, et en hurlant.

— *Papa ! Papa ! J'ai peur !*

J'imaginais le pire. La petite princesse à son papa allait me créer des problèmes. Je me confinais sous la couette, éteignais ma lampe de chevet, persuadé qu'il n'oserait pas me réveiller.
Erreur ! La porte s'ouvrit violemment, claquant contre le mur. Un homme furieux me fusilla du regard. Une tête blonde au sourire malsain se pencha derrière lui. Je ne bougeais pas. J'étais pétrifié.

— *Sors de ton lit immédiatement !*

La peur me paralysait. Il s'approcha, rejetant ma

Mon père m'a blessé… Mon beau-père m'a tué…

couette à terre.

— Lève-toi !

Contraint, j'obéissais. Je me tenais debout face à lui, la tête baissée, les bras derrière le dos.
Jamais, oh non jamais, je m'étais retrouvé dans un tel contexte. J'étais la victime face à son bourreau, attendant la sentence. Il était si près de moi que je pouvais sentir son haleine fétide, mélange de nicotine et d'alcool. Il haussa le ton :

— Vois-tu gamin, il y a certaines règles à respecter avec moi. L'une de ces règles, ne pas toucher à un seul cheveu de Camille. Est-ce clair ?

Je laissais échapper un timide : « Oui, c'est clair. ». Cela ne lui suffit pas. Il réitéra sa question.

— Est-ce clair ?
— Oui, c'est clair.

J'apercevais Camille à l'entrée de la porte qui ricanait.

— Mais, c'est Camille qui a commencé. Elle ne voulait pas dormir, et...
— Tais-toi ! Ici, c'est moi qui commande. Tu es prévenu. Si tu t'avises de faire quoi que ce soit à Camille, ou à son frère, tu auras affaire à moi ! Que cela te plaise ou non, nous allons vivre ici, et ce n'est pas toi qui vas nous en empêcher !

Mon père m'a blessé… Mon beau-père m'a tué…

Sur ces dernières paroles, il sortit, prenant délicatement sa fille dans les bras. Mes membres tremblaient encore. Mes jambes flageolaient. Je fermais doucement ma porte et me recouchais.
Je me souviens avoir attendu que ma mère vienne me réconforter, me dire que demain ce serait fini, qu'elle le mettrait dehors.
Elle n'est jamais venue. Je pleurai durant une grande partie de la nuit. Je ne connaissais pas cette émotion terrifiante qu'était la peur face à un individu, et j'aurais aimé ne jamais la connaître.
Le lendemain matin, j'étais le premier réveillé. J'en profitais pour déjeuner avant tout le monde. L'accrochage avec Benoît la veille avait du mal à passer. Les céréales avaient du mal à descendre. Je sentais ma gorge nouée, serrée. Tom me fit sursauter quand il entra dans la cuisine. Il attrapa un bol, prit mes céréales, le tout sans un mot. La journée s'annonçait mal. Je le laissais, et m'installais devant la télé.
Le dimanche matin, je regardais tout le temps la chaîne reportage. Il y avait de belles images, et j'apprenais une multitude de choses sur les animaux, la nature, la technologie. Cela durait trois quarts d'heures, pas plus. Maman avait pris l'habitude de se joindre à moi, et nous partagions cette émission ensemble, chaque dimanche. Ce matin-là, comme la veille au soir dans mon lit, elle ne vint pas. Elle apparut plus tard dans la matinée, l'air fatigué.
Elle m'embrassa, me disant simplement :

Mon père m'a blessé... Mon beau-père m'a tué...

« *Bonjour, bien dormi ?* ».
Elle prit son petit-déjeuner en compagnie de Benoît et Camille. Eux, ne me dirent pas bonjour, ils me toisaient du regard. J'étais mal, très mal. La seule personne sur qui je pouvais me reposer, me confier, avait disparu. Le temps de tourner la tête, Tom s'était accaparé la télécommande zappant mon émission pour une chaîne de dessins animés débiles.

— Donne-moi la zapette Tom !
— Non. Tu as vu ton programme, maintenant c'est à mon tour.
— Ton tour de quoi ? Vous êtes chez nous, ok ? Allez, change s'il te plaît, ce n'est pas terminé.
— C'est bon, chacun son tour !

Je me ruais sur lui pour lui arracher la télécommande. Même scénario que sa sœur la veille, il hurla et partit à fond dans la cuisine. Je ne savais plus où me mettre. Je craignais l'arrivée de son père. Immobile, je regardais la télé. Ni une, ni deux, il débarqua en trombe ! Le même regard noir qu'hier soir. Il se planta entre la télé et moi. D'un ton plus calme, mais ferme, il me réprimanda :

— Dis, ça va durer encore longtemps ton petit jeu ? Tu ne comprends rien, ce n'est pas possible ! Je t'ai dit qu'il y avait des règles à respecter, il me semble. File dans ta chambre que je t'explique encore une fois comment ça se passe espèce de petit merdeux.

Mon père m'a blessé… Mon beau-père m'a tué…

Je cherchais ma mère du regard. Ne la voyant pas. Je braillai :

— Maman ! Maman !

Aucune réponse. Benoît me dit sur un ton ironique :

— Elle est sortie faire deux trois courses, ta petite maman. Pas de chance ! Allez ! Dans ta chambre ! Une fois de plus, je me soumettais. Il me suivit. Une fois à l'intérieur, je n'eus pas le temps de le voir venir.
Il me plaqua violemment contre le mur, me maintenant avec force, son bras sous ma gorge. Je suffoquai. Il approcha sa bouche tout près de mon oreille, me susurrant d'une voix diabolique :

— Je te répète une dernière fois que c'est moi qui commande ! Si tu n'obéis pas, je devrais me fâcher. Et à ta place, j'éviterais de me chercher. Pour cette fois, c'est un avertissement. Ce petit incident reste entre toi et moi. Réfléchis-bien merdeux, c'est un conseil que je te donne !

Me donnant un coup de coude dans les côtes, il repartit. J'étais sous le choc. Cet homme m'avait agressé chez moi, sans que je puisse faire quoi que ce soit. Ma frustration était forte. Un sentiment d'impuissance, de soumission, d'humiliation. Je ne devais pas le laisser me faire du mal, me détruire. Je devais en aviser ma mère.

Mon père m'a blessé... Mon beau-père m'a tué...

Mais comment réagirait-elle ? Allait-elle me croire ? Je ne pouvais pas garder cette altercation secrète, je ne le supporterais pas. Je patientais, attendant le moment propice pour l'en informer. Je cogitais. Il fallait que je me débarrasse de ce futur beau-père avant qu'il ne soit trop tard.
Même si je devais mentir, inventer la pire chose qui existait, j'allais user de tous les moyens possibles pour qu'il quitte notre maison. Cet homme était malsain, il me voulait du mal. Vu ce dont il était capable de me faire au bout de deux jours, je n'avais pas envie qu'il prolonge son séjour. Ce dimanche fut le plus long que je n'avais jamais connu.
Je comptais les heures qui me restaient à attendre, pour enfin me retrouver seul avec ma mère. Je restais en retrait, muet, faisant mine d'écrire. Les autres, affalés sur le canapé, passaient l'après-midi devant la télévision. Maman, elle, ne tenait pas en place. Elle triait et repassait le linge. S'affairait en cuisine pour le dîner.
Ce qui me pesait énormément, c'était cette indifférence qu'elle avait à mon égard depuis l'arrivée des autres. Comme si elle était gênée de discuter avec moi, de rire avec moi, de me faire un bisou. J'en souffrais, mais je tenais bon. Il y avait sûrement une raison à son changement de comportement, et je me doutais bien ce qui en était la cause. Les autres ne m'adressaient pas la parole. Ils formaient un clan.
Lorsque nos regards se croisaient, ils émettaient des chuchotements, des petits rires moqueurs.

Mon père m'a blessé… Mon beau-père m'a tué…

L'heure du dîner approcha. Maman nous invita à se mettre à table. Elle avait préparé avec amour son plat préféré : une blanquette de veau. J'adorais ça. Seulement, je n'avais pas très faim. Elle le remarqua.

— Gabin, tu n'as pas l'air dans ton assiette. Toi qui raffoles de ce plat, tu me surprends.
— J'ai mal au ventre. Est-ce que je peux sortir de table maman ?
— Oui, bien sûr.

À cet instant, Benoît frappa la table de son poing, me lançant :

— Non ! Tu quitteras cette table quand nous aurons tous fini de manger !
— Maman ! S'il te plaît, j'ai vraiment mal.
— Benoît, qu'est-ce qui te prend ? Il a mal au ventre, autant qu'il aille se reposer.
— Tu crois tout ce qu'il te dit ! Vas-y bouge la lavette ! Je t'appellerais pour débarrasser !

Maman ne releva pas. Je quittais la cuisine. Quelques minutes plus tard, il me rappela à l'ordre.

— Gabin ! Viens ici tout de suite !

J'obéis. Je débarrassais la table, passais un coup d'éponge. Les deux autres, Camille et Tom, affichaient un sourire narquois. Ils ne m'aidaient

Mon père m'a blessé... Mon beau-père m'a tué...

pas, ils jouaient aux pichenettes avec les miettes restantes. Maman récurait les casseroles. Elle ne me regardait pas. Je me dirigeais vers ma chambre quand il m'attrapa fermement l'avant-bras.

— Où vas-tu comme ça ?
— Dans ma chambre.
— Tu n'as pas fini. Il reste la poubelle à sortir.

Maman se tournant, lui répondit :

— Laisse-le tranquille, j'irais tout à l'heure.
— Non. C'est lui qui va y aller. Toi, tu en as assez fait. Nous, nous allons nous détendre dans le salon.

Pas de réponse de la part de ma mère.
Je portais le sac-poubelle, descendais le poser sur le trottoir.
Passant devant le salon pour rejoindre ma chambre, j'appelais ma mère.

— Maman ! Tu viens ?
— Oui, j'arrive Gabin.

Enfin ! J'allais pouvoir me libérer, lui confier ce que j'avais sur le cœur. Je m'étendis sur mon lit.
Maman s'agenouilla près de moi.
Elle passa sa main dans mes cheveux.

— Alors, comment s'est passé ton week-end ?
— Bof !

Mon père m'a blessé... Mon beau-père m'a tué...

— *Oui, je sais, Benoît t'a un peu embêté. Je crois qu'il fait ça pour te tester, tu vois ?*
— *Non, je ne vois pas. Me tester pourquoi ? Je ne suis pas un objet !*
— *Non, je veux dire par là qu'il veut te provoquer pour mieux te connaître.*
— *Drôle de façon de faire connaissance ! Tu peux dire ce que tu veux maman, mais Benoît, il ne m'aime pas. C'est pareil pour les deux autres, ils ne sont pas gentils.*
— *Sois patient Gabin, cela fait seulement deux jours qu'il est à la maison. Quant à Camille et Tom, il faut leur laisser aussi un temps d'adaptation, c'est normal.*
— *Et moi ? Je n'ai pas le droit d'avoir ce temps pour m'adapter, aussi ! J'habite ici, avec toi, et j'ai l'impression d'être un étranger quand ils sont là. Tu m'ignores, tu ne me parles presque plus. Pourquoi maman ?*
— *Tu te fais des idées Gabin. Je suis trop occupée, mais je ne t'oublie pas.*
— *Alors prouve-le !*
— *Je n'ai rien à te prouver Gabin. Je t'aime, et tu le sais.*
— *Et lui, il repart demain matin avec les deux autres ?*
— *Camille et Tom retournent chez leur mère, mais Benoît reste ici. Nous avons décidé de vivre ensemble.*
— *Maman, je t'en prie, ne fais pas ça...*
— *Je ne comprends pas mon ange. Tu n'es pas content pour nous ?*

Mon père m'a blessé... Mon beau-père m'a tué...

— Je ne sais pas quoi te dire. Ne le prend pas mal, mais je ne le sens pas. Il me fait peur.
— Pourquoi dis-tu ça ? Benoît est tendre, affectueux. Je ne vois pas en quoi il pourrait te faire peur. Certes, il a tendance à hausser la voix et donner des ordres, mais il n'est ni violent, ni méchant.
— Ouais, en fait ça sert à rien que je te dise ceci ou cela, puisque tu es amoureuse. Tu es aveuglée par tes sentiments, comme je l'étais avec Rose.
— Allez, il est tard. Demain école. Promets-moi d'être patient. Chaque chose en son temps. On doit tous trouver nos marques, mais il faut quelques jours, quelques semaines pour y parvenir. Ok ?
— Ok, mais juste pour te faire plaisir maman.
— Bonne nuit mon cœur.
— Bonne nuit maman. Je t'aime.
— Moi aussi, je t'aime.

C'était le début d'une spirale infernale.
Chaque jour, j'angoissais. Je vivais dans la crainte. Avant, l'école terminée, je courais à la maison gaiement, heureux de retrouver maman. Là, je suppliais le ciel pour que l'école ne se termine jamais. Je mettais trois fois plus de temps à rentrer. Dès que je poussais la porte de la maison, il m'attendait. Affalé sur le canapé, les bières de la journée en trop, il me vociférait des méchancetés, me traitait de vaurien, de sale bâtard ! Je passais mon chemin, et retrouvais le seul endroit où je me sentais bien, ma chambre.
Les émotions étaient si fortes, que j'appris à les

Mon père m'a blessé… Mon beau-père m'a tué…

maîtriser, en évacuant mon anxiété par l'écriture. J'aimais déjà écrire, mais depuis la cohabitation avec mon beau-père, j'écrivais de plus en plus. C'était une sorte de thérapie. Thérapie qui dura des années. Maman semblait heureuse avec lui. Elle bossait et gérait le quotidien. Lui, fainéant de première, rechignait à travailler. Il passait plus de temps au bar qu'à l'agence pour l'emploi.
Chaque fois que ma mère lui demandait s'il avait une touche pour un boulot, il la menait en bateau, lui laissant croire qu'il trouverait bientôt. Elle y croyait. Quand elle était là, il prenait un stylo, le journal, et griffonnait comme si les annonces étaient intéressantes. Et lorsque maman était au travail, il fumait, il buvait, et matait des films toute la journée. Pour qu'elle ne se rende pas compte de la quantité de canettes qu'il avait bu, avant qu'elle rentre, il ramassait tout dans un sac-poubelle et allait le vider à deux rues plus loin. Sacré malin !
Moi, je voyais son manège, mais je choisissais l'option de me taire vis-à-vis de ma mère, qui, de toute façon ne m'aurait pas cru. Au fil du temps, je m'habituais à ne plus dire un mot lors des repas, par crainte des réflexions déplacées voire blessantes de mon beau-père. Les uniques instants où je pouvais jouir pleinement de ma mère, étaient à l'heure du coucher. Je retrouvais ma maman, la vraie. Celle qui me donnait de l'amour, de l'affection, me parlait et me rassurait.
Hélas, cela ne durait qu'une dizaine de minutes par jour, le reste du temps, elle n'était plus elle. Elle vivait, je pense, dans l'appréhension qu'un

Mon père m'a blessé… Mon beau-père m'a tué…

conflit éclate entre Benoît et moi. Elle faisait tout pour que monsieur se sente bien, pour qu'il n'ait aucune raison de s'emporter. Quand je me confiais à elle pour évoquer les difficultés que j'avais à accepter mon beau-père, elle me répondait toujours que ça allait passer, qu'il fallait laisser le temps. Mais au fond d'elle, elle savait pertinemment qu'il ne pouvait pas me voir.
Comme avec mon père, elle s'enfermait dans un monde, dans lequel elle s'obstinait à croire que tout allait bien. En réalité, elle avait la trouille d'affronter la réalité. Je ne lui en voulais pas. J'espérais seulement, qu'un jour, elle sortirait de sa bulle.
Durant cinq années, j'ai subi les pires humiliations, les pires injures. La liste est si longue, que je ne pourrais pas tout raconter. Les deux autres, Camille et Tom, me pourrirent l'existence. Ils auraient pu changer, devenir de vrais amis au sein de cette soi-disant famille recomposée. Au lieu de ça, ils s'étaient rangés dans le camp de leur père, et le poussaient consciemment à me harceler physiquement et moralement.
D'un jeu, parce que cela les amusait de me voir rabaissé au rang de bon à rien, ils en firent une habitude de vie.
D'un bourreau, je me trouvais confronté à trois. Le plus dur, c'était de faire semblant quand maman était présente, car ils n'avaient pas le même comportement. Ils étaient vicieux dans leur jeu pervers. Il y avait les petites crasses du quotidien, et les clashs.

Mon père m'a blessé... Mon beau-père m'a tué...

Dans la catégorie crasse du quotidien, j'eus le droit à tout !
J'eus le droit à la clef laissée dans la serrure, un soir en revenant de l'école. Il pleuvait, il ventait, il faisait un froid de canard. J'étais frigorifié, trempé jusqu'aux os. Je tambourinais à la porte. Tout ce que j'eus le droit en réponse, ce fut une voix qui me criait :

— C'est qui ? C'est qui ? C'est le bébé à sa maman ! Il n'est pas l'heure, on ouvre à dix-huit heures trente.

Chaque fois où la météo était des plus affreuses, je n'y échappais pas. Quand il acceptait d'ôter la clef, il me balançait une serpillière sur la tête !
J'eus le droit à la douche froide, celle qu'on ne s'attend pas. J'étais bien sous ma douche tiède, bien savonné, les cheveux shampouinés. Puis, ouille ! L'eau glacée sur la peau ça piquait, sur la tête, c'était encore pire ! C'était la surprise du matin !
J'eus le droit à la coupure d'électricité privée. Oui, je dis bien privée ! Toute la maisonnée bénéficiait de la lumière, de la chaleur des radiateurs, sauf moi ! Ce beau-père tordu avait trouvé le moyen de me couper le jus quand bon lui semblait.
J'eus le droit des dizaines de fois au paquet de céréales vide, la brique de lait vide aussi. Il jetait en douce les céréales dans un saladier, vidait le lait dans l'évier pour que je n'aie rien à gouter.
J'eus le droit aux pneus crevés de mon vélo, juste

Mon père m'a blessé... Mon beau-père m'a tué...

quand il était important pour moi de faire une balade avec des copains !
J'eus le droit aux objets disparus. Maman m'avait offert un ange à ma naissance, j'y tenais beaucoup, et du jour au lendemain, il s'était volatilisé de mon bureau. J'avais beaucoup pleuré, ce cadeau représentait énormément de choses pour moi. Je ne l'ai jamais retrouvé.
J'eus le droit de passer sur le banc des accusés. Coupable ! La poupée Barbie ou le robot X-power des deux autres étaient introuvables. La porte de ma chambre s'ouvrait violemment et là, j'étais amené à comparaître devant ces terribles juges !
J'eus le droit aux abonnés absent. Lorsqu'un ami me téléphonait pour m'inviter ou venir jouer avec moi, l'autre répondait « Gabin ? Désolé, vous vous êtes trompé de numéro ! » ou bien, « Gabin ? Ah oui ! Il est chez son père. ». Grâce à lui, mes amis me tournaient le dos progressivement.
J'eus le droit au cadeau empoisonné. Que ce soit à Noël, pour mon anniversaire, j'avais toujours le cadeau que je n'avais pas souhaité ! L'autre racontait des bobards à ma mère, l'incitant dans ses choix, et ma mère, toujours aussi crédule, l'écoutait.
Maman vivait dans le déni le plus total, c'était sa personnalité, je ne lui en voulais pas. Mais au point où j'en étais, ces petites crasses n'étaient rien comparées aux clashs avec l'autre.
Depuis mon enfance, la violence ne faisait pas partie de mon éducation, je la connaissais à travers les émissions télévisées, c'était tout. Avec

Mon père m'a blessé... Mon beau-père m'a tué...

l'autre, je compris vite ce que cela signifiait réellement. Nombre de fois qu'il m'avait attrapé, ou plutôt coincé dans ma chambre pour des broutilles. Il ne me frappait pas, il avait peur de me marquer et que ma mère s'en rende compte. Il prenait un malin plaisir à me faire bouffer mon oreiller, me maintenant avec son genou dans les reins. Il me collait au mur, remontait son bras sous mon menton fortement, de sorte que je ne puisse plus respirer. Il infligeait des châtiments corporels tous plus humiliants que les autres !
Dans ma tête, je rêvais que j'étais grand et costaud, et que je lui donnais la raclée de sa vie ! Ces rixes à huis clos m'avaient détruit psychologiquement. Je devenais un enfant morne, perdant le goût de la vie. Les injures qu'il me soufflait, lors de ces différends, résonnent encore dans ma tête. Je n'avais plus aucun contact avec mon père, je perdais ma relation avec ma mère. Je changeais. Je me murais dans le silence.
Seuls les mots que je couchais sur mon cahier, me délivraient ponctuellement de cette souffrance. Je n'avais plus d'amis à qui me confier, j'étais seul.
La solitude, c'est pesant. J'ai accumulé, tout au long de ces années, une haine envers les hommes. Je hais mon père, je hais l'autre, je les hais tous ! J'ai cherché en vain comment mettre fin à ce calvaire. Plusieurs solutions me sont venues à l'esprit. La première, me débarrasser de l'autre. La seconde, fuir. La troisième et dernière issue de secours, disparaître de ce monde.
Me dégager de ce monstre, oui, mais comment ?

Mon père m'a blessé… Mon beau-père m'a tué…

Lui mettre toutes ses affaires dehors ? Non. Maman n'approuverait pas.
Lui verser du cyanure dans sa bière ? Non, trop risqué. Avouer à ma mère tout le mal qu'il m'a fait ? Non, elle ne s'en remettrait pas.
Fuguer ? C'est tentant, mais je dois bien y réfléchir. Il me faut trouver de l'argent, préparer un baluchon et surtout savoir quel sera mon point de chute. Peut-être que si je pars, maman ouvrira les yeux et tout redeviendra comme avant. Non, cela me parait improbable.
Dernière possibilité pour me délivrer de cette vie cauchemardesque, mourir. Mais si je meurs, maman sera inconsolable, et elle sera triste le reste de sa vie. Sauf si l'autre l'aide à surmonter ma perte et qui la rende heureuse, ça c'est possible. En fait, c'est ce que je dois faire, me tuer. C'est la seule des solutions qui n'empêchera pas maman de vivre, enfin, une fois qu'elle se sera remise. Comme je suis le point noir, le vilain petit canard dans cette famille, personne ne se rendra compte de mon absence. Il est vraiment temps de mettre un terme à tout ça.
Cinq années de mal être, je n'en peux plus.
Comment mourir, sans avoir mal ? J'aimerais m'en aller sans aucune douleur, m'endormir.
Je pourrais m'ouvrir les veines ? Non, la vue du sang risque de me faire renoncer.
Ou bien sauter du balcon du septième étage ? Mort pas forcément assurée, je pourrais finir paraplégique ou juste avec une jambe cassée.
Je pourrais avaler une forte dose de médicaments

Mon père m'a blessé... Mon beau-père m'a tué...

et partir tout doucement ?
Pas très fiable parce que si je n'ingurgite pas la quantité nécessaire, je vais devoir subir un lavage d'estomac, et il paraît que cela ne fait pas du bien.
Que faire pour ne pas se louper à coup sûr ? J'ai trouvé ! Un mélange d'alcool et de drogue, cela devrait être fatal ! Avant de passer à cette étape, je pense à ma mère. Je crois que si je meurs, elle cherchera à comprendre pourquoi. Alors, je vais à la suite de ces confessions lui dédier cette lettre :

Maman,

Si tu trouves ce fichier, tu comprendras pourquoi je ne suis plus là. Je veux que tu saches que je t'aime, que je souhaite ton bonheur plus que tout au monde.
La vie nous a joué des tours, pas toujours gais. Nous nous en sommes sortis, tous les deux, plus fort, plus soudés.
Et puis, tu as rencontré Benoît. Cet homme, maman, il m'a rendu la vie insupportable. J'ai essayé de te le dire, à maintes reprises, mais j'ai préféré garder ce noir secret pour moi. Je ne voulais pas que tu sois inquiète. Sans moi, vous êtes heureux.
Je n'ai pas eu l'occasion comme Camille, Tom ou Benoît de trouver ma place au sein de cette famille recomposée. Je ne sais plus qui je suis, ce que je fais. Mes repères affectifs se sont éteints.
Malgré l'amour que je te porte j'ai pris la décision de te libérer d'un lourd fardeau : moi. Tu verras,

Mon père m'a blessé… Mon beau-père m'a tué…

tout ira bien après.
S'il te plaît, ne pleures pas ! Dis-toi que je serais bien là-haut, que je serais toujours à tes côtés.
Je n'oublierai jamais ton regard, ton doux visage, le son de ta voix.
Tu es dans mon cœur pour toujours.
Ne baisse jamais les bras, tu es une maman merveilleuse, courageuse.

Je t'aime pour la vie maman.

Gabin.

Dans ce fichier, je résume mes années de tortures tant physiques que psychologiques, et je lance un appel au secours pour que cela n'arrive à personne.
Parents, vous vous aimez, vous avez des enfants, vous décidez de vivre ensembles. Oui, mais par pitié, protégez-nous ! Gardez toujours un œil sur nous, et posez-vous la question : chacun a-t-il trouvé sa place ?
Si vous êtes sûr que oui, bravo, vous avez une chance formidable ! Si vous doutez, si l'un des membres de cette nouvelle famille recomposée vit en retrait, remettez toute la composition familiale en question.
Ne passez pas sur le regard noir du beau-père, les réflexions inopinées de la belle-mère, des coups en douce des enfants, ne dîtes pas : « Il faut du temps pour que chacun trouve ses marques. ».

Mon père m'a blessé... Mon beau-père m'a tué...

Non ! Si au bout de quelques semaines chaque individu se sent étranger à l'autre, arrêtez tout ! J'espère que ma mort servira aux autres victimes de famille recomposée.

Maman m'a donné la vie, le plus beau cadeau. La vie, elle, m'a volé mon cadeau, maman.

Gabin, 17 ans

Line sort de sa lecture dans un état second. Encore sous le choc des révélations de Gabin, elle ne trouve pas les mots. Elle referme l'ordinateur. Elle prend les deux mains de Gabin dans les siennes, les serre fortement. Les larmes coulent sur ses joues. D'une voix nasillarde, elle lui dit :

— Gabin, pourquoi ? Pourquoi ? Je t'aime tant mon fils, je suis si désolée de ne pas avoir ouvert les yeux ! J'aurais tant aimé te venir en aide, éviter tout cela. Tout ceci est de ma faute, je suis impardonnable. Je t'en prie, réveille-toi ! Je ne peux pas vivre sans toi ! Gabin, je t'aime.

Line pleure à chaude larmes. La tension ressentie tout au long du récit de Gabin retombe. Soudain, elle sent dans le creux de sa main, un léger mouvement. Elle ouvre sa main, caresse celles de Gabin. Les doigts de son fils remuent fébrilement. Le battement de cœur de Line s'accélère. Elle observe le visage de son fils, à l'affut d'un

Mon père m'a blessé… Mon beau-père m'a tué…

changement. Les paupières de Gabin sont tremblotantes, ses lèvres bougent. Line attrape le fil et appuie sur le bouton rouge pour prévenir les infirmières. Gabin émet quelques mots. Line ne les distingue pas. Elle approche son oreille de la bouche de son fils.

— Je suis là mon chéri. Parle-moi, je t'écoute.
— Je te pardonne maman. Je t'aime.

Line ne peut en entendre plus. L'électrocardiogramme se met à sonner brusquement. Elle sent les mains de Gabin glisser des siennes. Ses yeux se ferment.
Un sourire se dessine sur la bouche de Gabin.

— Non ! Non ! Reviens Gabin ! Reviens !

Les infirmières entrent et mettent rapidement en place le stimulateur cardiaque. Line s'écroule. L'équipe soignante met tout en œuvre. 1, 2, 3 choquez ! Rien. Encore ! 1, 2, 3 choquez ! Rien
Line regarde le tracé plat de l'électrocardiogramme. Gabin est parti. Elle se jette sur lui, lui tapant la poitrine avec fermeté.

— Allez mon fils ! Reviens ! Reviens !

Le médecin la prend par la main.

— Madame, je suis profondément navré. Toutes mes condoléances.

Mon père m'a blessé... Mon beau-père m'a tué...

Line devient hystérique. Elle crie, elle se débat, elle pleure.

— Non ! Il va se réveiller ! Essayez encore docteur ! Gabin n'est pas mort !

Avec l'aide de deux infirmiers, le médecin l'a fait sortir. Il lui donne un sédatif.

— Quelqu'un peut-il venir vous chercher ?
— Non, je veux rester près de mon fils.
— Je vous l'accorde, ensuite il faudra rentrer chez vous, madame.
— D'accord, je souhaite juste lui dire au revoir.
— Voulez-vous que je vous accompagne ?
— Merci, ça va aller.

Line se rend au chevet de Gabin. Des frissons parcourent son corps. Elle caresse les cheveux de son fils. Dépose un baiser plein d'amour et de tendresse sur son front. Line lui fait une promesse :

— Tu seras toujours dans mon cœur mon chéri. Je te promets de me battre pour que cela n'arrive plus jamais, à qui que ce soit. Repose en paix mon Gabin, sois heureux là-haut parmi les anges.

Line ressort de la chambre. Elle appelle Emma.

— Emma, c'est moi, Line.
— Line, ça va ? Tu as une voix étrange. Que se

Mon père m'a blessé... Mon beau-père m'a tué...

passe-t-il ?
— Gabin, il est...
— Non ! Ne me dis pas qu'il...

Line s'effondre en larmes.

— Où es-tu Line ?
— À l'hôpital.
— Ne bouge pas, je viens te chercher.

Emma arrive quelques minutes plus tard. Quand elle aperçoit son amie, elle fond en pleurs. Le désarroi de Line lui transperce le cœur. Emma la serre contre elle. Line culpabilise.

— Emma, Gabin s'est suicidé à cause de moi !
— Non, je ne peux pas le croire. Qu'est-ce que tu me racontes !
— Si, à cause de moi Emma. Il était malheureux depuis le départ de son père, et aussi, sa relation avec Benoît était invivable. Je n'ai rien vu ! Je n'ai rien pu faire pour empêcher cela ! C'est moi qui l'ai tué !
— Voyons Line ressaisis-toi ! Tu n'es pas responsable de la mort de ton fils. Il t'aimait si fort, je t'assure, tu n'y es pour rien. Veux-tu rentrer, nous serons plus tranquilles pour parler de tout ça ?
— Oui. Rentrons.

Emma raccompagne Line chez elle. Elles entrent et tombent nez à nez avec Benoît s'apprêtant à sortir. Il reste bouche bée devant l'aspect physique de

Mon père m'a blessé... Mon beau-père m'a tué...

Line. Elle est blanche, les yeux rouges encore marqués de ses larmes.

— Line, ça va mon amour ? Tu sembles toute retournée.

Line ne lui répond pas. Elle l'ignore, malgré la rage qu'elle a contre lui, et pénètre dans le salon. Il n'insiste pas et part en sifflotant. Emma rejoint Line.

— Allez ma chérie, balance-moi tout ce que tu as sur le cœur. Ça va te soulager.
— S'il te plaît, ferme la porte d'entrée à clef, je ne veux plus qu'il rentre chez moi.
— Pardon ? Tu es en train de me dire que tu le fous dehors ?
— Oui. Je vais préparer ses affaires et les mettre sur le trottoir.
— Tu ne peux pas lui faire ça Line. Où va-t-il aller ? Il n'a plus de travail.
— Et Gabin Tu crois qu'il s'est inquiété une seule fois de savoir comment il allait ? Non ! Il l'a tué ! Tu entends ! Benoît a tué mon fils !

Line est furieuse. Elle attrape un rouleau de sacs poubelle, grimpe à l'étage. Dans la salle de bain, elle dégage tous les produits de toilette appartenant à Benoît. Dans la chambre, elle jette à terre les vêtements, les chaussures et les objets de Benoît. Elles fourrent le tout dans un sac, repasse par la salle de bain, et y rajoute ce qu'elle a trié.

Mon père m'a blessé... Mon beau-père m'a tué...

Elle redescend au rez-de-chaussée, se rend à la cuisine. Elle ouvre les placards, prend les packs de bière, et les met dans un sac. Line se dirige vers la porte d'entrée. Elle ouvre, chargée de trois sacs-poubelles, et les dépose sur le trottoir. Emma la regarde, effarée.
Line retourne dans la maison, ferme à double tour. Emma lui demande :

— Line, a-t-il la clef de la maison ?
— Oui. Je vais faire changer la serrure.
— Ok. Dis, tu te sens mieux à présent ?
— Non, pas vraiment.
— Mais pourquoi accuses-tu Benoît d'avoir tué ton fils ? Je ne comprends pas.
— C'est compliqué Emma. En fait, Gabin a tenu durant des années une sorte de journal intime, mais pas dans un cahier, sur son ordinateur. Et, j'ai fini par trouver ce journal. Avant que Gabin meure, j'étais en train de le lire. J'ai découvert des choses horribles. Il a gardé pour lui toute la souffrance infligée par son père, par Benoît. Je ne veux plus voir cet homme ici, il lui a imposé des années de martyre. Il mériterait que je le dénonce à la police ! Mais, je préfère régler ça toute seule, parce que je ne veux pas que Camille et Tom en pâtissent, même s'ils ont été infects envers Gabin.

— Line, qu'a donc fait Benoît pour te mettre dans un état pareil ?
— Je ne peux pas t'en parler, en tout cas pas maintenant, c'est trop difficile. Rien que d'y penser,

Mon père m'a blessé... Mon beau-père m'a tué...

j'en ai la nausée.
— Je comprends. As-tu averti son père ?
— Non, je vais le faire. Ça va être dur Emma.
— Je sais Line. Ne t'inquiète pas, je reste avec toi.

Line compose le numéro de son ex-mari.

— Allô ?
— Ah, Line ! Comment vas-tu ? Et Gabin, ça va ? Cela fait un moment que je ne l'ai pas vu, ça me ferait plaisir qu'il vienne un de ces quatre ! J'ai pleins de choses à lui dire.
— S'il te plaît, écoute-moi. Notre fils est mort.
— Line ! Si c'est une plaisanterie, elle est de très mauvais goût !
— Gabin est mort !

À l'autre bout du fil, pas de réponse. Le père de Gabin a lâché le combiné. Line raccroche, sanglote. Emma, témoin de la terrible annonce, ne trouve plus les mots. Soudain, le téléphone sonne.

— Allô !
— Dis-moi, que s'est-il passé ?
— Gabin a fait une tentative de suicide il y a quelques semaines. Il était dans le coma. Ce matin, il a succombé.
— Pourquoi ne m'as-tu pas informé ? J'aurais pu aller le voir ! Pourquoi ?
— Je suis désolée.

Il lui raccroche au nez. Line entend les dernières

Mon père m'a blessé... Mon beau-père m'a tué...

paroles de son fils « Je te pardonne maman. Je t'aime ».
Elle sourit. Emma la regarde, étonnée. Line lui confie :

— Gabin n'est pas mort pour rien ! Je vais donner un sens à son geste. Je vais faire éditer ses confessions pour protéger d'autres enfants. Gabin aurait souhaité cela, je vais le faire pour lui. Son livre s'intitulera « Mon père m'a blessé... Mon beau-père m'a tué... ».

Line se débarrassa, non sans difficultés, du bourreau de son fils.
L'enterrement de Gabin eut lieu en présence d'Emma, de son père, de quelques camarades de classe, et de Line.
Une mise en terre très émouvante.
Chaque personne déposa sur le cercueil un petit ange, comme celui offert par Line à la naissance de Gabin. Sur la pierre tombale, Line avait fait inscrire « Mon ange pour la vie ».
Line démarcha sans relâche les maisons d'éditions, en vue de publier le journal de Gabin.
En parallèle, elle créa une association, qu'elle nomma : « Gabin ». Le livre vît le jour quelques mois plus tard.
Ce fût un énorme succès. Les fonds récoltés grâce aux ventes furent intégralement reversés à l'association. Le message que Gabin tenait à transmettre fut entendu.
Des dizaines d'articles citant les dangers invisibles

Mon père m'a blessé... Mon beau-père m'a tué...

des familles recomposées, parurent.
L'association « Gabin » permit à des jeunes en détresse, de les épauler avant qu'ils ne commettent l'irréparable.
Line poursuivit son combat contre le harcèlement des enfants, le restant de sa vie.
Elle trouva le chemin auquel elle aspirait.
Chaque cause défendue, soutenue, lui redonnait la force de se battre en mémoire de son fils. Line ne vivait plus dans le déni, la dure réalité de la vie lui avait fait face, lui ôtant ses illusions. Line agissait pour Gabin, faisait ce qu'il aurait fait s'il était toujours de ce monde.
Line en fît son chemin de croix, jusqu'à son dernier souffle...

Mon père m'a blessé… Mon beau-père m'a tué…

Mon père m'a blessé… Mon beau-père m'a tué…

Remerciements

Merci à Marilyn pour le coup de cœur qu'est Gabin.

Mille mercis à mon fils, Maxime, pour tout l'amour que tu me donnes.
Je te demande juste pardon…

Mon père m'a blessé… Mon beau-père m'a tué…

Mon père m'a blessé… Mon beau-père m'a tué…

Du même auteur
LES AMIES DE MA MERE

Résumé de ce roman feel-good :

Pour les quarante ans de sa mère, Louise, souhaite lui faire une surprise.

Elle cherche une idée originale, quelque chose qu'Agathe n'est pas prête à oublier. En voulant lui faire plaisir, l'adolescente ne se doute pas qu'elle va être à l'origine d'un week-end pas comme les autres.

Comment Agathe réagira-t-elle ?

Disponible en version numérique et broché :

https://www.amazon.fr/dp/B073RV3HLR

Si vous mourrez d'envie de connaître la suite des aventures d'Agathe, elle vous attend ici, dans le tome 2 « Les Amies de ma Mère et l'Ami de ma Mère » :

https://www.amazon.fr/dp/B0776JPZ7N

Mon père m'a blessé… Mon beau-père m'a tué…

ELENA MAR

Résumé de ce roman chick-lit très fun :

Une pincée d'amis, un zeste de champagne, une mesure de musique, le tout mélangé dans un cadre festif.

Seraient-ce les ingrédients nécessaires à la recette d'Éléna Mar pour oublier l'échec de son mariage ?

Humour et délires à gogo, servis sur un plateau !

Disponible en version numérique et broché :

https://www.amazon.fr/dp/B01AF062JW

Mon père m'a blessé… Mon beau-père m'a tué…

MEME PO EN REVE !

Résumé de cet autre roman zéro prise de tête, avec un clin d'œil à la célèbre émission de télé-réalité « L'Amour est dans le Pré ».

Quand les aléas de la vie vous obligent à mettre de côté ce qui vous tient à cœur.

Entre amour, dévouement pour ses parents, et désir de vivre ses rêves.

Albane, jeune femme de vingt-quatre ans, est confrontée à ce dilemme.

Quelle décision prendra-t-elle ?

Disponible en version numérique et broché :

https://www.amazon.fr/dp/B0797JQNRG

Mon père m'a blessé… Mon beau-père m'a tué…

Retrouvez-moi sur les réseaux

Mon blog :

http://lydie-lefevre-auteur.blog4ever.com/

Ma page Facebook :

https://www.facebook.com/lefevrelydie?ref=hl

Mon Twitter :

https://twitter.com/Lydieauteur

Mon Google+ :

https://www.google.com/+lydielefevre

Ma boîte mail :

lydielefevreauteur@gmail.com

Mon père m'a blessé… Mon beau-père m'a tué…

www.ingramcontent.com/pod-product-compliance
Lightning Source LLC
Chambersburg PA
CBHW071516040426
42444CB00008B/1664